AF500408

ITINÉRAIRE

DES INVITÉS

AUX FÊTES

d'Inauguration du Canal de Suez

QUI SÉJOURNENT AU CAIRE ET FONT LE VOYAGE DU NIL

publié par Ordre

DE S. A. LE KHÉDIVE

CAIRE
Octobre 1869.

ALEXANDRIE
Imp. Franç. MOURÈS & Ce, Square Ibrahim.

La présente Notice *n'est destinée qu'à ceux des invités de Son Altesse le Khédive qui font le voyage de la Haute-Égypte. Dès leur arrivée à Alexandrie, elle leur sera mise entre les mains, afin qu'ils sachent d'avance l'emploi de leur temps au Caire et sur le Nil.*

Il est nécessaire d'ajouter que cette Notice *ne dispense pas d'un* Guide. *Tout au contraire, on n'y a introduit quelques renseignements que pour donner comme un avant-goût du voyage et mieux décider par là les personnes qu'une vaine curiosité n'attire pas seule en Égypte, à étudier les excellents itinéraires publiés en Angleterre par M. Murray, et par MM. Joanne et Isambert en France.*

Les invités de S. A. le Khédive, qui ont devancé d'un mois les fêtes de l'inauguration du Canal de Suez, ont cinq jours à dépenser au Caire, et vingt-quatre sur le Nil.

On a résumé ici, aussi brièvement que possible, l'emploi du temps pendant ces vingt-neuf journées.

§ Ier.

SÉJOUR AU CAIRE.

L'emploi du temps pendant les cinq jours de station au Caire est assez difficile à préciser, et doit nécessairement être un peu laissé à l'initiative personnelle des visiteurs. Selon les goûts, il en est, en effet, qui se porteront de préférence vers certains points de la ville que d'autres négligeront. Néanmoins un bon mode de division du temps pendant ces cinq jours, serait le suivant :

1re Journée	Promenade dans la ville. Visite aux bazars.
2me Journée	Visite aux mosquées et à la Citadelle.
3me Journée	Dans la matinée, excursion à l'arbre de la Vierge et aux ruines d'Héliopolis. Dans l'après-midi, Musée de Boulaq.
4me Journée	Dans la matinée, excursion au Vieux Caire. Le Khalig. L'aqueduc. Qasr-el-Châma. Dans l'après-midi, excursion aux tombeaux des Mamelouks.
5me Journée	Dans la matinée, excursion à la Forêt pétrifiée Dans l'après-midi, promenades.

Voici maintenant quelques détails sur chacune des excursions énumérées dans le tableau précédent :

1re Journée. — On profitera de cette journée pour prendre connaissance de l'aspect général de la ville. Le rendez-vous le plus habituel pour les Européens est l'Esbékieh, vaste place en voie de transformation et tête du nouveau quartier dont S. A. Ismaïl-Pacha a ordonné la création. C'est de là qu'on partira pour visiter la ville. Tout le monde a entendu parler des rues du Caire, étroites, sinueuses et discrètement sombres, véritables refuges contre la chaleur accablante du jour. L'étranger trouve un plaisir toujours plus vif à les parcourir. Nulle autre ville, en effet, n'offre des échappées de vue plus pittoresques. Ces maisons qui surplombent, ces fontaines, ces moucharabiehs aux formes variées, cette population bruyante et affairée, ces vêtements aux couleurs éclatantes, ces minarets qui, ça et là, montent hardiment dans le ciel, toute cette architecture qui semble avoir crû là comme par hasard, forment des tableaux dont les yeux ne se rassasient jamais. Les bazars offrent un autre sujet d'études et de distractions. Nous ne parlerons pas du *Mouski,* lieu banal qui a trop pris la couleur d'un quartier de ville européenne. Mais le *Khan-Khalil,* le *Ghourieh,* le *Khamsawi,* le *Souk-es-Selah* (marché des Armes), ont heureusement conservé jusqu'à présent leur originalité. Les jours principaux de vente du Khan-Khalil sont le lundi et le jeudi. Que le touriste amateur de l'imprévu se rende ces jours-là au bazar. Le bruit est si intense qu'on ne s'y entend pas, la foule est si compacte qu'on a peine à y remuer. Ces jours-là tous les marchands ne sont pas dans les boutiques. Les plus nombreux sont ceux qui circulent dans l'étroite ruelle qu'on décore du nom de rue, et qui, un objet dans la main, annoncent à haute voix la nature et le prix de la marchandise d'occasion qu'ils mettent en vente. Qui ne connaît ces curiosités, armes, vêtements, parures, tapis, cachemires, vases, bijoux, dont les collectionneurs sont si friands et qu'ils rapportent avec tant de joie de leur voyage d'Orient?

C'est au Khan-Khalil que, le plus souvent, elles ont été achetées, à vil prix quelquefois, quelquefois aussi au poids de l'or, quand l'acheteur ne sait pas marchander effrontément. C'est d'ailleurs après une promenade de ce genre, un peu au hasard et sans direction, que le visiteur prend comme malgré lui une idée de la grandeur et de l'importance de la ville. Le Caire a plus de 300 mille habitants. Son périmètre, non compris les faubourgs, est de 24 kilomètres. Comme centre commercial et religieux, le Caire n'a pas son égal en Orient ; il n'a pas son égal non plus comme ville monumentale.

2me Journée. — Cette journée est consacrée à la visite des mosquées et de la Citadelle. On a tout dit sur l'élégance, la hardiesse, l'harmonieux agencement des mosquées arabes, et ce n'est point le lieu d'y revenir. Le Caire possède près de 300 mosquées. Celles que les voyageurs visitent habituellement sont les suivantes que, pour plus de clarté, nous placerons ici par ordre d'ancienneté.

1° L'aïeule de toutes les mosquées du Caire et de toutes les mosquées du monde musulman est la mosquée d'*Amrou* fondée par *Amrou ebn-el-Aas,* lieutenant du Khalif Omar, l'an 642 de notre ère. Bâtie hors les murs, sur l'emplacement de l'ancienne Fostâtt, elle subsiste encore aujourd'hui comme le plus ancien modèle de l'architecture arabe. Malgré l'état de ruine dans lequel elle se trouve, on juge encore de la grandeur et en même temps de la simplicité de son plan. On sait que Memphis fournit à la mosquée d'Amrou ses belles colonnes de granit et de porphyre, et les historiens arabes assurent que le Coran tout entier fut gravé en lettres d'or sur les plaques de marbre dont ses murailles étaient revêtues. Malheureusement les colonnes seules sont en partie venues jusqu'à nous, et le visiteur peut se convaincre que la mosquée n'offre aujourd'hui aucune sculpture, aucun ornement qui témoigne de l'état des arts à cette époque reculée de la civilisation arabe.

2° Nous quittons Fostâtt, nous entrons dans le Caire, et nous trouvons la mosquée de *Touloun*, antérieure de près d'un siècle à toute autre construction existant aujourd'hui dans la ville. Bâtie en 877 de notre ère par *Ahmed-ebn-Touloun*, la mosquée de Touloun, comme la mosquée d'Amrou, porte dans toutes les parties de sa construction des preuves de son antiquité. Ses dimensions sont de 80 mètres sur 76. L'ogive y est déjà employée et on y trouve sur les murs d'admirables exemples d'écriture coufique. « On montait au minaret, dit un « auteur arabe, par un escalier extérieur en forme de « spirale. Ahmed-ebn-Touloun fit faire la corniche « qui régnait tout autour avec de l'ambre pétrie, pour « flatter l'odorat de ceux qui viendraient y prier. »

3° Après celles que nous venons de citer, vient comme ancienneté la mosquée d'*El-Azhâr*. La mosquée d'El-Azhâr a été fondée, l'an 969 de notre ère, par *Goher-el-Qaïd*, qui fut vizir de Moëz, le premier sultan de la dynastie des Fatimistes. Remaniée plusieurs fois, elle porte en ses diverses parties la marque et comme le cachet des époques auxquelles elle a subi ces restaurations, dont la dernière est de 1762. Mais ce n'est pas comme architecture que la mosquée d'El-Azhâr se recommande à l'attention. La mosquée d'El-Azhâr est, en effet, le centre le plus illustre de la science arabe. Des cours complets et suivis, qui comprennent l'étude du Coran, la versification, la grammaire, la législation civile, religieuse et criminelle, y sont faits devant des milliers d'auditeurs, accourus de toutes les parties du monde musulman, qui y sont non-seulement instruits gratis dans la plus large acception du mot, mais encore logés. Nous ajouterons qu'en même temps on trouve dans la mosquée d'El-Azhâr un hospice pour les aveugles, et de vastes dépendances où les pélerins étrangers qui se rendent à la Mecque reçoivent une hospitalité toujours empressée. La mosquée d'El-Azhâr n'est donc pas seulement un lieu de prières ; elle est aussi un collège, une université, une bibliothèque, et un asile pour les infirmes et les pélerins.

4° La mosquée de *Kalaoun*, ainsi nommée du Sultan de ce nom, est située près du Khan-Khalil. Elle a été commencée en 1303 de notre ère, et finie, treize mois après seulement, en 1304, ce que constate une inscription placée sur les murs du monument.

5° La double mosquée appelée *Cheikhoun* date de 1354. Elle est située à droite et à gauche de la rue qui monte de la mosquée de Touloun à la Citadelle. *Hassan Melek-en-Nasr*, le même qui illustra à jamais son nom par la construction de la mosquée du *Sultan-Hassan*, est son fondateur.

6° Nous arrivons à la mosquée par excellence, celle qui, comme grandeur, comme construction, comme modèle d'art, se place à la tête de toutes les autres mosquées ; nous voulons parler de la mosquée du *Sultan-Hassan*. La mosquée du Sultan Hassan a été bâtie en 1356. Sa longueur totale est d'environ 150 mètres ; son grand minaret a 80 mètres d'élévation. Rien de grandiose comme la nef principale de ce hardi monument ; rien de gracieux comme sa coupole. C'est à l'intérieur surtout qu'éclatent dans leur profonde originalité les richesses du style arabe. Les murs et les parois sont incrustés de marbres de diverses nuances. Le bleu, le rouge, le vert, l'or, se marient dans de grands panneaux à fond de pierre pour faire ressortir des dessins de toute forme où les arabesques les plus variées alternent avec des versets du Coran écrits en lettres gigantesques. Le travail des grillages, des portes, des fenêtres, révèle le même art traité avec la même perfection. Autrefois des masures sans forme s'adossaient au splendide monument que nous venons de décrire et en gâtaient la vue. Les amateurs du beau apprendront avec satisfaction que l'isolement complet de la mosquée de Sultan Hassan a été ordonné par S. A. Bien plus, la place de Roumilie située en face est déjà l'objet de travaux qui vont en faire un véritable square avec ses arbres et ses fontaines. Nulle mesure ne sera mieux accueillie. La façade de la Citadelle qui borde la place du côté sud est déjà réparée. Quatre belles mosquées jusqu'ici cachées derrière des maisons vont rentrer dans leur pleine lumière et faire à la place un cadre sans pareil dans le monde.

7° Rue Sukkarieh, on trouve une mosquée digne de l'attention des visiteurs appelée la mosquée *El-Barkouk*, du nom de Barbouk, premier sultan Mamelouk circassien. Elle fut bâtie en 1386. La salle du tombeau est décorée avec une profusion d'ornements qui étonne. C'est à côté de ce tombeau que l'on conserve le caftan de soie et la ceinture de cuir de Kalaoun. Moyennant une rétribution donnée au gardien, des personnes malades, hommes et femmes, se couvrent de ce caftan usé par les siècles et passent la ceinture autour de leurs reins. Ils font ensuite trois fois le tour du tombeau en prononçant quelques prières, et se retirent, dit-on, guéris.

8° Nous terminerons cette énumération des mosquées que les voyageurs sont dans l'habitude de visiter, en citant la mosquée d'*El-Ghoury*, située près du bazar de ce nom dans une des positions les plus pittoresques que l'on puisse voir. Bâtie par

El-Ghoury-Abou-Nasr, le même qui périt dans la bataille livrée par lui au Sultan Sélim en 1517, elle offre cet intérêt d'être le dernier des monuments religieux élevés par les Sultans d'Egypte. De l'autre côté de la rue est le tombeau de son fondateur.

La deuxième journée, commencée par la visite aux mosquées, a pour complément l'excursion à la Citadelle. La Citadelle, vue à vol d'oiseau, offre un mélange si extraordinaire de remparts, de rues, de maisons, de monuments publics, de places, de mosquées, qu'elle semble une autre ville. A 95 mètres environ au-dessus du niveau des basses eaux du Nil, s'élève sur le flanc de l'un des contreforts du Mokattam, un plateau qui domine tout le Caire. C'est là que Saladin, à une date que nous ne rappelons pas puisqu'elle est celle de la lutte opiniâtre des Croisés contre leur infatigable adversaire, fit construire le château-fort qui, de transformations en transformations, est devenu l'assemblage complexe que nous avons sous les yeux. Il y a cinquante ans, la citadelle offrait encore au visiteur des souvenirs imposants des siècles qu'elle avait traversés et des évènements dont elle avait été le théâtre. C'était là que se trouvaient le Palais de Saladin, (aussi appelé le *Divan de Joseph*), remarquable par les 32 immenses colonnes monolithes qui en soutenaient la salle principale, la mosquée de Kalaoun, une des merveilles de l'art arabe, les divans, lieux d'assemblée pour les hauts fonctionnaires du gouvernement, où la richesse des matériaux le disputait à l'élégance du dessin. Mais une formidable explosion survenue en 1823 disloqua tous ces monuments, et bientôt après le besoin de faire de la place pour la mosquée de Méhémet-Ali qui allait s'élever leur porta un nouveau coup. Aujourd'hui ce qu'on visite à la Citadelle, outre l'ensemble lui-même, c'est la Mosquée de Méhémet-Ali ; c'est le *Byr-Yussef*, le puits dit *de Joseph* ; c'est aussi la tour fameuse d'où Emin-Bey se précipita à cheval, échappant par ce trait d'audace à la mort qui frappait derrière lui tous les Mamelouks (1811). La Mosquée de Méhémet-Ali, qui est en même temps le tombeau de son illustre fondateur, parle en quelque sorte d'elle-même, et nous n'avons à décrire ni ses élégants et hardis minarets, ni la majesté de son plan, ni la profusion de l'albâtre employé dans sa construction. Le puits dit *de Joseph*, du nom de celui qui le fit creuser *(Salâh-ed-dyn Yussef-ebn-Ayoub)*, se compose de deux parties qui ne sont pas dans la même ligne verticale. La première, celle qui débouche à l'air libre, a 50 mètres 30 cent. de profondeur, la seconde 40 mèt. 30 cent., la profondeur totale du puits étant ainsi de 90 mètres 60 cent. Quant à la tour d'Emin-Bey, elle est située à gauche du visiteur qui, de la place de Roumilie, entre dans la Citadelle par la porte de *Bab-el-Azab*. Remaniée et restaurée pendant les travaux d'embellissement dont la place de Roumilie vient d'être l'objet, la tour a gagné en hauteur tout ce que les décombres amoncelés à sa base lui faisaient perdre à l'époque de l'évènement qui a fait de cette tour un monument historique. En visitant la Citadelle, les invités de S. A. s'apercevront d'ailleurs qu'elle est en ce moment même l'objet de travaux d'aménagement, qui ont pour but de donner aux Ministères, aux services publics qui y sont installés, une organisation en rapport avec l'importance tous les jours plus grande que l'Egypte acquiert dans le monde.

3me Journée. — Dans la matinée, excursion à l'arbre de la Vierge et aux ruines d'Héliopolis. On voit, en passant, l'*Abbassieh*, vaste palais bâti pour son usage par Abbas-Pacha, et servant aujourd'hui de centre aux écoles militaires du Gouvernement. Le monument de beau style Arabe situé à gauche de la route, en approchant du palais, est la tombe de *Malek-Adel* (1218 de l'ère chrétienne) qui régna à Jérusalem et au Caire, et qui faillit devenir, par un accord politique consenti entre les Croisés et les Musulmans, l'époux de la sœur de Richard Cœur-de-Lion.

C'est un peu avant d'arriver aux ruines d'Héliopolis que, dans un jardin attenant au village moderne de Matarieh, se trouvent le *Puits* et *l'Arbre de la Vierge*. Le P. Vansleb, voyageur qui visita l'Egypte en 1672, s'exprime à ce sujet dans les termes suivants : « Le 12 de juillet, je fus, en « compagnie de quelques marchands français, au « village de *Ma-tarea* situé du côté d'Est du « Caire, en distance de chemin d'environ deux « heures de cheval, pour voir les lieux que Nostre « Seigneur Jésus-Christ et sa très-sainte Mère, « ont sanctifiés de leur présence; et en même « temps le jardin, où l'on plantait autrefois les « plantes du baume.

« En entrant dans la cour, on voit à main « droite un petit oratoire des Turcs, bâti sur les « ruines d'une petite église Copte, où l'on révérait

« quelques vestiges de Nostre Seigneur, et de sa « très-sainte Mère. On l'appelle *El-Makad* (lisez « *El-Markad*) ou le *lieu du repos*.

« Il y a dans ce *Makad* un petit réservoir... « Les Coptes ont pour tradition que la Sainte « Vierge avait coutume d'y laver les linges de son « cher enfant ; et mesme que pendant qu'elle était « occupée à son travail, elle le faisait reposer « dans une niche, qui est dans la muraille du *Ma-* « *kad*, lieux où les religieux Francs disaient au- « trefois la messe par dévotion...

« Tout proche de ce *Makad* ou *Reposoir* est « le puits miraculeux...

« La tradition des Coptes porte, et même quel- « ques historiens Mahométants en tombent aussi « d'accord..., que Nostre Seigneur s'est lavé dans « ce puits, et qu'il communiqua par un miracle à « ses eaux leur douceur et bonté extraordinaire...

« Après avoir fait collation dans le Reposoir, et « bu de cette bonne eau par dévotion, nous en- « trâmes dans le jardin...

« On voyait autrefois dans ce même jardin, le « *Sicomore,* qui, suivant la tradition des Coptes, « s'était fendu par un miracle, pour mettre à cou- « vert Nostre Seigneur Jésus-Christ et sa très-

« sainte Mère, lorsque les satellites d'Hérode les
« poursuivaient. On dit que, s'étant cachés dans
« cette ouverture, ils se sauvèrent par ce moyen
« de leurs mains, à la faveur d'une toile d'araignée
« qui les couvrait, et qui paraissait fort vieille,
« quoiqu'elle ait été faite dans un instant, par un
« miracle divin...

« Les Pères Cordeliers de la Terre Sainte, qui
« demeurent au Caire, disputent avec les jardiniers
« la possession de cet arbre, disant qu'il tomba
« de vieillesse l'an 1656 et qu'ils en ramassèrent
« les dernières pièces, qu'ils conservent dans leur
« sacristie, où je les ai vues, comme une relique
« très-précieuse. Les jardiniers montrent au con-
« traire, dans ce jardin, une souche que j'ai vue
« aussi, qu'ils assurent être le reste de cet ancien
« Sycomore... »

A un kilomètre au-delà, sont les ruines d'Héliopolis. L'obélisque qui en marque le centre est le plus ancien obélisque de l'Egypte, puisqu'il porte les cartouches d'Ousertasen Ier, deuxième roi de la XIIme dynastie. Il a 20 mètres 27 centimètres de hauteur. Originairement un pyramidion de cuivre, qu'Abd-el-Latyf a vu encore à sa place, en recouvrait la pointe. Un second obélisque complétait avec celui-ci la décoration de la façade principale du temple pour lequel ces deux monolithes avaient été érigés; tombé par terre et fendu en deux dans sa chûte dès le temps de l'historien arabe que nous venons de citer, il a aujourd'hui disparu jusqu'au dernier fragment.

Quant aux ruines de la ville, c'est à tort qu'on croit les reconnaitre dans les buttes qui entourent l'obélisque et qui se terminent aux gros murs de briques crues, formant à l'entour une enceinte quadrangulaire. Cette enceinte, qui a 1,400 mètres de côté sur 1,000 mètres, est, non le rempart de la ville, mais l'enceinte qui sert de limite au parvis du temple. Le temple d'Héliopolis, si célèbre, non seulement parmi les écrivains grecs, mais parmi les Egyptiens eux-mêmes, n'aurait pas eu pour le borner aux quatre coins de l'horizon une vaste enceinte sacrée, que ce fait serait en désaccord avec toutes les traditions monumentales de l'Egypte. D'un autre côté les dimensions que nous venons de faire connaître n'ont rien qui doive surprendre, puisqu'on trouve des enceintes presqu'égales en étendue pour des temples d'une bien moindre importance à Saïs, par exemple, et à Dendérah.

L'après-midi de la troisième journée est consacré à la visite du Musée de Boulaq. Le Musée de Boulaq a maintenant sa réputation faite, et nous n'en parlerons pas. Ouvert au public en 1863, l'année de l'avènement au trône de Son Altesse Ismaïl-Pacha, il n'a pas cessé depuis ce moment de s'agrandir, et aujourd'hui il serait le premier Musée Egyptien du monde si le hazard des fouilles dont il est sorti l'avait un peu plus favorisé sous le rapport des papyrus. Tel qu'il est cependant, il prend place parmi les premiers, car seul il peut montrer : le magnifique ensemble des monuments de l'Ancien-Empire, qui a reculé les bornes de la science et a permis de planter le drapeau de l'histoire à des hauteurs jusqu'à présent inaccessibles ; les monuments des Hycsos découverts à Sân, autre ensemble qui a fourni à la science le moyen de déchirer enfin le voile, si longtemps et si obstinément tendu entre elle et l'une des périodes les plus importantes de l'histoire d'Egypte ; les bijoux de la reine Aah-Hotep, prodigieux échantillons de l'art au temps même du patriarche Joseph ; les stèles de Gébel-Barkal, qui tout-à-coup nous transportent dans un royaume où l'on parle l'égyptien, où l'on se sert des hiéroglyphes, où l'on adore les dieux de l'Egypte, et qui n'est pas cependant l'Egypte, puisque souvent il lui a donné des maîtres; la stèle d'Alexandre II, pleine de révélations sur la géographie et l'histoire de l'Egypte, non seulement sous les premiers rois Grecs, successeurs du conquérant macédonien, mais encore sous les rois Perses; la Pierre de Sân, décret trilingue, bien autrement complet que la Pierre de Rosette, et qui, venue il y a trente ans, aurait révolutionné la science.

4me Journée. — Une promenade au Vieux Caire occupera la matinée.

Chemin faisant, on franchit sur un beau pont de pierre le canal appelé *Canal du Caire, Canal du Prince des Fidèles* ou *des Croyants, Canal de Hakem,* ou tout simplement le *Khalig,* c'est-à-dire le *Canal.* Le nom de l'auteur de ce canal reste assez douteux, et les noms de Trajan, d'Adrien, d'Amrou ebn-el-Aas, sont tour-à-tour prononcés sans qu'on puisse décider sans retour en faveur de l'un ou de l'autre d'entre eux. Mais ce qui est hors de contestation, c'est que, quel que soit son auteur, le Khalig allait s'embrancher sur le grand canal qui menait du Nil à la mer Rouge. Primitivement, c'est-à-dire du temps de Sésostris qui, le premier, commença cette entreprise, la prise d'eau du canal entre la mer Rouge et le Nil était à Zagazig (Bubastis). A ce moment le canal se dirigeait vers Raz-el-Ouâdy sur une longueur d'environ 20 kilomètres. Le canal parcourait ensuite tout l'Ouâdy jusqu'au Sérapéum, et son développement était de 60 kilomètres. Venaient alors les Lacs amers (36 kil.), puis enfin, par un détour subit vers le sud, Suez, distant de 20 kil. Au temps des Pharaons, le Canal qui reliait l'Egypte à la mer Rouge prenait donc à Zagazig et de là se dirigeait vers Suez, le parcours étant d'environ 130 kilomètres. Tel fut le canal sous les Pharaons. Mais plus tard, un des trois personnages que nous venons de nommer (on s'accorde plutôt à regarder Adrien comme l'auteur du travail) modifia ce parcours, et à ce canal primitif ajouta un autre canal qui allait rejoindre l'ancien en un point que nous ne connaissons pas et avait sa prise d'eau au Vieux Caire. Le canal de Suez qui, sous les Pharaons, reliait l'Egypte à la mer Rouge par Zagazig, reliait donc l'Egypte à la mer Rouge, sous les Romains, par le vieux Caire. Combien de temps après les Romains ce canal fut-il ouvert à la navigation? On ne saurait le préciser. Ce qu'il y a de certain, c'est que le Khalife Omar, l'an 644 de notre ère, le fit recreuser, et que de son temps le passage était ouvert; ce qu'il y a de certain encore, c'est que, 120 ou 125 ans plus tard, le Khalife Abou-Gafar-el-Mansour, en guerre avec l'émir de Médine, le fit boucher et combler, et que depuis ce temps il n'a plus été ouvert. Pour donner plus de clarté encore aux renseignements que nous venons de faire connaître, nous rappellerons d'ailleurs ici que Zagazig était située sur une branche du Nil aujourd'hui desséchée (la branche Pélusiaque) et qui, au temps des Pharaons, était le cours d'eau le plus important et le plus considérable du Nil. Cette branche partait du Nil un peu au-dessous de Benha et se dirigeait de là, en montant au nord-est, vers Péluse où elle se jetait dans la mer. Par le fait, la mer Rouge et la Méditerranée avaient donc été réunies sous les Pharaons; seulement une moitié du cours d'eau était un canal creusé de main d'hommes qui venait de Suez à Zagazig, l'autre moitié était le Nil lui-même qui allait de Zagazig à Péluse, ce qui suffisait aux besoins de la navigation de l'époque. On voit par ces détails que l'idée de faire communiquer la mer Rouge et la Méditerranée n'est pas neuve, puisqu'elle remonte au moins jusqu'à Sésostris. Mais entre les anciens et les modernes, les moyens d'exécution ont été bien différents. Aujourd'hui, le canal passe en effet directement d'une mer à l'autre ; il va droit à son but sans perdre ni une minute, ni un pouce de terrain, et côtoie l'Egypte, presque sans y toucher. Dans ce système, le canal est la partie glorieusement désobstruée de la grande route maritime qui unit l'Europe à l'extrême Orient, route dont l'Isthme est une station. Au contraire, sous les anciens, le canal se conforme en quelque sorte à la politique du temps ; œuvre égyptienne et non universelle, il a son point de départ dans le Nil, et l'Egypte en était ainsi la maîtresse absolue, puisque de Zagazig elle rayonnait à la fois sur les deux mers.

Uu peu au-delà du pont du Khalig, on passe au pied des premières arches d'un immense aqueduc. Il a 289 arches ; sa longeur est d'environ 2,100 mètres. Une grosse tour de forme octogone, aujourd'hui démolie, le précédait près du Nil et contenait l'appareil à puiser l'eau qu'il était chargé de conduire à la Citadelle. Comme la Citadelle elle-même, comme les murs de la ville, ce bel ouvrage d'utilité publique est l'œuvre de Saladin.

Après l'aqueduc on entre dans le Vieux Caire. Le Vieux Caire s'est appelé *Babylone* sous les Egyptiens, *Fostàtt* sous les Arabes ; son nom actuel est la traduction de *Masr-el-Attika*, nom qu'on lui donne aujourd'hui. Capitale de l'Egypte dès le temps d'Amrou (640), Fostâtt céda peu à peu son rang à une autre ville que Touloun avait fondée à peu de distance de là (876) et qui, sous Moez (972), devint même la capitale officielle avec le nom de *Masr-el-Kahirah*. En 1168, lorsque les Francs sous la conduite d'Amaury 1er, roi de Jérusalem, firent invasion en Egypte, Fostâtt fut livrée aux flammes, et quand elle se releva de ses cendres, ce fut pour devenir l'un des faubourgs et l'un des ports sur le Nil de la nouvelle capitale.

Le but principal de l'excursion au Vieux Caire est *Qasr-el-Châma* (Chateau de la lumière), sorte de forteresse qui fut pendant quelque temps la résidence des premiers princes Musulmans de l'Egypte et qui est peut-être aujourd'hui le seul débris subsistant de l'ancienne Babylone. Comme la Citadelle du Caire, Qasr-el-Châma est une ville qui a ses rues, ses maisons, ses marchés ; mais les habitants en sont principalement Coptes, bien que les Grecs y aient un couvent et que dans quelques rues des marchands musulmans y exercent paisiblement leur commerc. Quatre ou cinq couvents s'y trouvent, parmi lesquels celui de St-Georges. C'est dans le couvent de St-Georges que, comme à Héliopolis, le visiteur rencontre des souvenirs de la Sainte Famille et de la Fuite en Egypte. « On voit dans cette église, « dit le P. Vansleb (le P. Vansleb l'appelle à « tort l'église de St-Serge), une petite grotte dans « laquelle, suivant la tradition des Coptes, Nostre « Seigneur avec sa Sainte Mère ont habité quelque « temps. Elle est distinguée en trois ailes, ou par- « ties, par de petites colonnes. Dans la première « en entrant sont les fonds de baptême des Coptes ; « au fond de celle du milieu, il y a une niche « dans la muraille, et dans cette niche une pierre « qui, à ce que les Coptes croient, a été sanctifiée « par les vestiges de Nostre Seigneur. Les Francs « y disent quelquefois la messe. Dans la troisième « partie, il y a aussi une pierre sanctifiée par les « traces de Nostre Seigneur... »

Kaïtbay occupera l'après-midi de la quatrième journée. C'est à peu de distance à l'est de la porte du Caire, appelée *Bab-en-Nasr*, que se rencontre cette nécropole. Les Européens donnent à tort aux tombeaux qu'on y voit, le nom de *Tombeaux des Khalifes*. La vérité est que les personnages qui y sont enterrés sont les rois de la dynastie Circassienne des Mamelouks (1382 à 1517). Quant aux

Khalifes, leurs tombes avaient été construites sur l'emplacement où s'élève aujourd'hui le Khan-Khalil. Mais on n'en trouve même plus de traces, à l'exception de celle de *Melek-es-Saleh*, ce glorieux Sultan de la dynastie des Ayoubites qui sut tenir tête à Saint-Louis et mourut juste au moment où la fortune allait pour toujours abandonner les armes des Croisés.

5me Journée. — Toute la zône de terrain qui s'étend à la hauteur du Caire, entre la mer Rouge d'une part et les premiers contreforts de la chaîne Libyque de l'autre, est parsemée de silex jaspoïdes au milieu desquels apparaissent ça et là, quelquefois isolés, quelquefois réunis en nombre assez considérable, des bois agatisés où l'on remarque des fragments et même des troncs d'arbres pétrifiés, mesurant jusqu'à quatre mètres de longueur. Les visiteurs que les questions qui touchent à la constitution physique de l'Egypte intéressent emploieront la matinée de leur cinquième journée à une excursion vers un des groupes situés au sud-est du Caire, que les guides appellent la *Forêt Pétrifiée*. Des palmiers s'y reconnaissent avec des accacias du désert, mêlés à des espèces dont jusqu'à présent il n'a pas été possible de déterminer la nature.

On conseillera aux invités de Son Altesse d'occuper l'après-midi de leur dernière journée au Caire, en nouvelles excursions, un peu au hasard, dans l'intérieur de la ville. Le Caire est la ville du monde la moins tirée au cordeau ; les rues s'y mêlent, s'y croisent, s'y coupent, et dans cet enchevêtrement, en apparence inextricable, de mosquées, de fontaines, de maisons, de marchés, il y a mille remarques à faire, mille points de vue à observer aujourd'hui qu'on aura négligés hier. Une visite aux bains arabes a aussi son intérêt. Le bain en lui-même peut ne pas séduire. Mais ces établissements si chers aux habitudes musulmanes ont toujours leur côté pittoresque, ici un plafond, là une porte travaillée en bois de couleur, plus loin une arabesque découpée dans un pan de mur, que le voyageur épris des admirables finesses de l'art arabe est toujours bien aise d'étudier sur place. Nous ajouterons que l'un des bains principaux du Caire est le bain *Tombaly*, près de la porte *Charieh*.

Il est bien entendu que, dans l'emploi ci-dessus détaillé des cinq journées passées au Caire ne sont pas comprises les visites, les réceptions, dont il est difficile jusqu'à présent de préciser le moment.

§ II.

VOYAGE DU NIL.

Le voyage de la Haute-Egypte s'accomplit tout entier en bateau à vapeur.

Ce voyage ne se fait pas d'une traite. Les nécessités de la navigation du Nil combinées avec les excursions pittoresques ou archéologiques obligent à des temps d'arrêt qui sont les suivants :

1° On ne navigue pas la nuit à cause des

sinuosités du fleuve et des changements presque subits de son lit. Par conséquent, les bateaux s'arrêtent le soir et s'amarrent à la rive la plus proche de l'endroit où la nuit est venue les surprendre.

2° Un autre arrêt a lieu aux villes que nous indiquons ici pour le renouvellement de la provision de charbon.

1re *Station*............	Beni-Souef.
2me *Station*	Minieh.
3me *Station*............	Siout.
4me *Station*.......... ..	Sohag.
5me *Station*	Qéneh.
6me *Station*........ .. .	Esneh.
7me *Station*............	Assouan.

Mais ces localités étant en même temps des chefs-lieux de province, les voyageurs, en descendant à terre pendant l'arrêt, trouvent ainsi l'occasion de visiter les villes les plus importantes de la Haute-Egypte.

3° Enfin les bateaux ont un arrêt spécial aux points qui sont désignés à la curiosité ou à l'étude des visiteurs, et qui sont :

Les Pyramides, Myt-Rahyneh, Saqqarah	Entre le Caire et Beni-Souef.
Beni-Hassan, Rhôdah	Entre Minieh et Siout.
Abydos, Dendérah	Entre Sohag et Qéneh
Thèbes.	Entre Qéneh et Esneh.
Esneh, Edfou, Gebel-Silsileh, Ombos, Assouan, Eléphantine	Entre Esneh et Assouan.
La Cataracte, Philæ.	Au-delà d'Assouan.

A ces renseignements nous ajouterons ici : 1° le tableau des distances qui séparent entre elles les localités où les visiteurs ont une station à faire ; 2° le tableau des distances qui séparent ces mêmes localités de Boulaq, lieu d'embarquement :

	KIL.		KIL.
De Boulaq à Gyzeh.	4	De Boulaq à Gyzeh. . . .	4
De Gyzeh à Bédréchyn.	19	— à Bédréchyn. .	23
De Bédréchyn à Béni-Souef. . .	92	— à Beni-Souef. .	115
De Beni-Souef à Minieh . . .	132	— à Minieh . .	247
De Minieh à Beni-Hassan . .	23	— à Beni-Hassan .	270
De Beni-Hassan à Rhôdah . . .	17	— à Rhôdah . . .	287
De Rhôdah à Siout	107	— à Siout	394
De Siout à Sohag	110	— à Sohag. . . .	504
De Sohag à Bellianeh (Abydos)	51	— à Bellianeh . .	455
De Bellianeh à Qéneh (Dendérah)	89	— à Qéneh. . . .	644
De Qéneh à Louqsor.	71	— à Louqsor. . .	705
De Louqsor à Esneh.	56	— à Esneh. . . .	761
D'Esneh à Edfou	50	— à Edfou	811
D'Edfou à Gebel-Silsileh	42	— à Gebel-Silsileh	853
De Gebel-Silsileh à Ombos. . .	24	— à Ombos . . .	877
D'Ombos à Assouan.	43	— à Assouan. . .	920
D'Assouan à Philæ	8	— à Philæ. . . .	928

Nous allons maintenant faire pour la Haute-Égypte ce que nous avons fait pour le Caire, c'est-à-dire déterminer l'emploi du temps pendant les 24 jours du voyage.

Cette fois ce ne sont plus les mosquées que nous allons avoir à étudier ; ce n'est plus l'art arabe qui va étaler devant nous ses merveilles. Quand la mosquée d'Amrou est bâtie, quand Touloun élève au Caire le plus vieux et le plus vénérable des monuments qui décorent cette ville, une autre civilisation est déjà morte depuis trois ou quatre siècles, après avoir fourni une carrière d'aumoins quatre mille ans. C'est en présence des débris de cette civilisation, si ancienne et si vivace qu'aucune autre ne peut lui être comparée dans le monde, que nous allons nous trouver,

Voici d'abord le tableau résumé de l'emploi du temps :

1re Journée	De Boulaq à Gyzeh. Arrêt pour la visite aux Pyramides. Retour à Gyzeh. De Gyzeh à Bédréchyn.
2me Journée	Arrêt à Bédréçhyn pour la visite à Saqqarah. En passant, ruines de Memphis. Retour à Bédréchyn. De Bédréchyn à Zawyet-el-Masloub.
3me Journée	De Zawyet-el-Masloub à Beni-Souef. De Beni-Souef à Minieh.
4me Journée	De Minieh à Béni-Hassan. Arrêt à Béni-Hassan pour la visite des grottes. De Béni-Hassan à Rhodah.
5me Journée	De Rhodah à Siout.
6me Journée	De Siout à Sohag. De Sohag à Girgeh.
7me Journée	De Girgeh à Bellianeh. Arrêt à Bellianeh pour la visite aux ruines d'Abydos. Retour à Bellianeh.

8me Journée	De Bellianeh à Qéneh.
9me Journée	Visite au temple de Dendérah. Retour à Qéneh. De Qéneh à Louqsor.
10me Journée	Thèbes. Visite à Louqsor et à Karnak, les deux temples de la rive droite.
11me Journée	Thèbes. Première journée sur la rive gauche, comprenant le temple de Qournah, le Ramesséum, les Colosses, le temple de Deir-el-Medineh, Medinet-Abou.
12me Journée	Thèbes. Deuxième journée sur la rive gauche, comprenant Drah-Abou'l-Neggah, Assassif, Scheikh-Abd-el-Qournah, Qournat-Mouraï, Deir-el-Bahari.
13me Journée	Thèbes. Troisième journée sur la rive gauche, comprenant Bab-el-Molouk.
14me Journée	De Louqsor à Esneh. Visite au temple d'Esneh. D'Esneh à Edfou.
15me Journée	Visite au temple d'Edfou. D'Edfou à Gebel-Silsileh.
16me Journée	Visite aux grottes et aux carrières de Gébel-Silsileh. De Gébel-Silsileh à Ombos. Visite au temple d'Ombos.
17me Journée	D'Ombos à Assouan. Visite à l'île d'Éléphantine.
18me Journée	D'Assouan à Philæ. Visite à l'île et à la cataracte.
19me Journée	Voyage de retour. D'Assouan à Thèbes.
20me Journée	De Thèbes à Sohag.
21me Journée	De Sohag à Siout.
22me Journée	De Siout à Minieh.
23me Journée	De Minieh à Bédréchyn.
24me Journée	De Bédréchyn au Caire.

Voici maintenant le détail de l'emploi du temps à chacune des stations qui sont indiquées dans le tableau précédent.

1re Journée. — Départ le matin de Boulaq. Navigation jusqu'à Gyzeh. Temps d'arrêt pour la visite aux Pyramides. Une charmante route de 4 kilomètres environ de longueur, conduit en face de ces monuments. Les trois grandes pyramides sont les tombeaux de Chéops, de Chéphren et de Mycérinus ; les petites sont les tombeaux des membres de la famille de ces rois. La grande avait primitivement 146 mètres de hauteur ; dans l'état actuel elle n'en a plus que 138 ; son cube est de 2,562,576 mètres. Tout ce que l'on a dit, toutes les phrases qu'après Hérodote on a faites sur la haine que ces rois s'étaient attirée par suite des corvées imposées aux Egyptiens qui travaillaient aux Pyramides, peut être réduit à néant ; les monuments contemporains, témoins bien plus croyables qu'Hérodote lui-même, nous montrent en effet que, de leur vivant et après eux, Chéops et Chéphren, à l'exemple de tous les autres rois, étaient honorés par un culte spécial ; quant à Mycérinus, c'était un roi si pieux, qu'il est cité dans le *Rituel* comme l'auteur d'un des livres les plus en renom de la littérature religieuse de l'Egypte. En ce qui regarde l'usage auquel les Pyramides étaient destinées, c'est faire violence à tout ce que nous savons de l'Egypte, à tout ce que l'archéologie nous a appris sur les habitudes monumentales de ce pays, que d'y voir autre chose que des tombeaux. Les pyramides, quelles qu'elles soient, sont des tombeaux, massifs, pleins, bouchés partout même dans leurs couloirs les plus soignés, sans fenêtres, sans portes, sans ouverture extérieure. Ils sont l'enveloppe gigantesque et à jamais impénétrable d'une momie, et une seule d'entre elles aurait montré à l'intérieur un chemin accessible d'où, par exemple, des observations astronomiques auraient pu être faites comme du fond d'un puits, que la pyramide aurait été ainsi contre sa propre destination. En vain dira-t-on que les quatre faces orientées dénotent une intention astronomique ; les quatre faces sont orientées parcequ'elles sont dédiées par des raisons mythologiques aux quatre points cardinaux, et que dans un monument soigné comme l'est une pyramide une face dédiée au nord, par exemple, ne peut pas être tournée vers un autre point que le nord. Les Pyramides ne sont donc que des tombeaux, et leur masse immense ne saurait être un argument contre cette destination puisqu'on en trouve qui n'ont pas six mètres de hauteur. Notons d'ailleurs qu'il n'est pas en Egypte une pyramide qui ne soit le centre d'une nécropole, et que le caractère de ces monuments est par là amplement certifié.

Ce qu'on voit aujourd'hui des Pyramides n'en est plus que le noyau. Originairement elles étaient recouvertes d'un revêtement lisse qui a disparu. Elles se terminaient en pointe aiguë. Les pyramides étant des tombeaux hermétiquement clos, chacune d'entr'elles (au moins celles qui ont servi à la sépulture d'un roi), avaient un temple extérieur, qui s'élevait à quelques mètres en avant de la façade orientale. Le roi déifié comme une sorte d'incarnation de la divinité y recevait un culte. Les trois grandes Pyramides de Gyzeh ont comme les autres un temple extérieur.

La preuve que les pyramides étaient des monuments hermétiquement clos, c'est que quand Amrou voulut pénétrer dans la grande, il ne put le faire qu'en perforant violemment la face nord à peu près sur la ligne de son centre, ce qui le fit tomber par hasard à l'intérieur sur le couloir montant. Comme à cette époque le revêtement était entier et que par conséquent il n'y avait point de décombres accumulés à la base, il s'ensuit que la place même de l'entrée ne se voyait pas du dehors.

Au Sud-Est de la grande Pyramide est le Sphinx. Le Sphinx est un rocher naturel auquel on a donné tant bien que mal l'apparence extérieure de cet animal symbolique. La tête seule a été sculptée. Le corps est le rocher lui-même complété aux endroits défectueux par une mauvaise maçonnerie en calcaire. La hauteur totale du monument est de 19 mèt. 80 c., L'oreille a 1 mèt. 97 c., le nez 1 mèt. 79 c., la bouche 2 mèt. 32 c. La plus grande largeur de la figure, de face et à la joue, est de 4 mèt. 15 c. La question d'origine est encore douteuse. On a d'abord pris le Sphinx pour un monument du règne de Thoutmès IV (XVIIIme dyn.) Aujourd'hui, nous savons par une pierre du musée de Boulaq, que le Sphinx existait déjà quand Chéops (antérieur à Chéphren) ordonna les restaurations dont cette pierre a pour objet de consacrer le souvenir. Nous rappellerons d'ailleurs que le Sphinx est la colossale image d'un dieu égyptien appelé *Armachis*.

Près du Sphinx, est une construction bizarre qui, plus encore que le Sphinx lui-même, est une énigme proposée aux savants. Il est certain que cette construction remonte à l'âge des Pyramides. Mais est-elle un temple ? est-elle un tombeau ?

L'apparence extérieure est, il faut l'avouer, plutôt celle d'un tombeau. De loin le monument devait se présenter aux visiteurs comme un *mastaba* à peine plus grand que ceux qu'on trouve, par exemple, à Abousir et à Saqqarah. A l'intérieur, une chambre montre six niches superposées qui ont bien l'air d'avoir été construites, commes celles de la 3me Pyramide et du Mastabat-el-Faraoun, pour recevoir des momies. Le plan d'ailleurs ne s'éloigne pas sensiblement du plan de certains autres tombeaux qu'on trouve aux environs. L'opinion qui fait du monument dont nous nous occupons un tombeau, peut donc être défendue sans violer les règles de la critique, L'autre opinion qui en fait un temple est-elle également soutenable ? Evidemment, du moment où l'Ancien-Empire ne nous a laissé aucun autre temple à comparer à celui-ci, on peut dire qu'à cette époque reculée, les temples égyptiens étaient construits sur le plan bien extraordinaire que nous avons sous les yeux. D'un autre côté, il est tout naturel de penser que, puisque le Sphinx est un dieu, le monument voisin est le temple de ce dieu. Mais ces raisons sont-elles suffisantes ? En réalité le monument est-il une annexe du Sphinx, ou le Sphinx une annexe du monument ? Tout cela ne nous représente-t-il pas un très-ancien tombeau orné, pour plus de majesté, d'une colossale statue de dieu ? La question est pendante, et au moment où les invités de S. A. arriveront sur les lieux, ils trouveront des ouvriers occupés à demander aux sables qui obstruent le monument du côté de l'ouest des renseignements nouveaux capables de la résoudre.

Nous n'avons pas besoin de rappeler que le lieu où nous sommes est une des nécropoles de Memphis, comme le P. Lachaise est une des nécropoles de Paris. Les tombes qu'on y trouve sont à peu près de toutes les époques. Cependant les tombes de l'Ancien-Empire y dominent. Celles-ci ont en général la forme du *mastaba*, sorte de pyramide tronquée, bâtie en énormes pierres et recouvrant comme un couvercle massif le puits au fond duquel repose la momie. Les visiteurs en ont sous les yeux deux ou trois bons modèles vers la face orientale de la grande Pyramide. Une meilleure occasion de décrire les monuments de ce genre nous sera offerte quand nous serons à Saqqarah.

Nous avons dit tout-à-l'heure que les Pyramides appartiennent à la IVe dynastie, et que la plupart des tombes de la nécropole remontent à l'Ancien-Empire. Pour les visiteurs que leurs études n'ont pas tournés vers les antiquités égyptiennes, ces renseignements ont peut-être le malheur d'être assez vagues. Une fois pour toutes, nous résumerons donc ici les données principales que tout visiteur de la Haute-Egypte doit posséder s'il veut se rendre compte de la nature, de l'âge et de la valeur relative des monuments en présence desquels il va se trouver.

Tous les monuments que nous allons rencontrer appartiennent à cette civilisation qui a brillé autrefois sur les bords du Nil et qui, pendant toute sa durée, a usé des hiéroglyphes comme écriture. Ces monuments sont en général des temples, souvent des tombeaux. Les villes proprement dites ont disparu si complètement que c'est à peine si quelques tumulus sans forme en marquent çà et là l'emplacement.

Le temps pendant lequel cette civilisation a duré ne peut être calculé. On dit communément que la monarchie égyptienne a commencé avec Ménès et qu'elle a fini l'an 381 de notre ère, avec l'édit de Théodose. Cependant il est probable que la civilisatien égyptienne, constituée comme nous la voyons plus tard, florissait déjà depuis quelque temps quand Ménès réunit l'Egypte entière, jusqu'alors divisée, sous un sceptre unique : il est certain aussi qu'après Théodose la religion Egyptienne continua de vivre assez longtemps dans quelques districts éloignés de la Haute-Egypte, particulièrement à Philæ.

Pour établir l'ordre dans l'interminable série des rois qui ont régné de Ménès à Théodose et se procurer le moyen de classer entre eux les monuments, on a coutume de diviser ces rois, à l'exemple de Manéthon, en *familles royales* ou *dynasties,* distinguées par un nom générique emprunté à la ville qui dans leur temps était capitale. Du fondateur de la Monarchie à Théodose, on compte 34 dynasties. Une autre division plus large a été faite. Prenant en considération certains évènements importants, certaines modifications apportées dans l'économie générale du royaume, on a partagé toute l'histoire d'Egypte en quatre tronçons.

Le premier comprend les dix premières dynasties et s'appelle *l'Ancien Empire.* L'Ancien Empire est si prodigieusement éloigné de nous qu'il se perd littéralement dans la nuit des temps. Quand l'Ancien Empire finit, Abraham n'est pas encore né. L'Ancien Empire est tout entier dans la IVme dynastie, la Vme et une partie de la VIme; avant et après, tout est confusion ou plutôt ténèbres. C'est l'âge des Pyramides. Chose remarquable, l'art de la statuaire et de la gravure en relief monte, sous l'Ancien Empire, à une hauteur qu'il ne rattrapera plus.

2° Le second comprend les siècles qui s'étendent entre la XIme dynastie et la XVIIIme. C'est le *Moyen-Empire.* Le Moyen-Empire existe déjà depuis quelque temps quand Abraham paraît. Joseph est ministre du dernier roi du Moyen-Empire. Du Moyen-Empire il ne faut d'ailleurs retenir que la XIIme dynastie et les Pasteurs. La XIIme dynastie est célèbre par les tombes de Beni-Hassan. Quant aux Pasteurs (ou Hycsos), ils donnent leur nom à la période la plus douloureuse que l'Egypte ait traversée, celle qui vit pendant 511 ans l'unité nationale rompue, et des envahisseurs asiatiques régner en maîtres sur les plus florissantes provinces du royaume.

3° Le troisième tronçon est ce qu'on appelle le *Nouvel-Empire.* Il commence à la XVIIIme dynastie et finit à Alexandre. L'époque la plus brillante du Nouvel-Empire, celle dont on rencontre, dans un voyage sur le Nil, les plus fréquents et les plus glorieux souvenirs, correspond à la XVIIIme dynastie, à la XIXme et aussi à la XXme. C'est l'âge des Thoutmès, des Aménophis, des Ramsès. C'est aussi l'époque de Moïse (XIXme dynastie). Mais ce rôle brillant ne se soutient pas, et quand Sésac (XXIIme dynastie) prend Jérusalem, la décadence a déjà commencé pour l'Egypte.

4° Enfin le quatrième tronçon, que l'on appelle du nom général de *Basses-Epoques*, comprend la dynastie grecque dont Alexandre est le fondateur et celle des Empereurs de Rome, rois d'Egypte au même titre que Cambyse et Darius. L'histoire de cette époque, toute entière dans de stériles compétitions au trône, ne possède qu'un faible intérêt. Mais le visiteur de la Haute-Egypte doit s'en occuper parceque les temples de Philæ, d'Edfou, d'Ombos, de Dendérah, d'Esneh, c'est-à-dire les monuments les plus complets que nous possédions du culte égyptien, appartient aux *Basses-Epoques*.

Reste un dernier point à éclaircir. Jusqu'ici nous avons parlé des divisions introduites dans l'histoire d'Egypte, mais nous n'avons cité aucun chiffre qui permette de rapporter à une date les monuments que nous étudions. En ce point, malheureusement, nous marchons en pleine obscurité, car de toutes les questions que soulève l'étude des monuments égyptiens, il n'en est pas de plus compliquées que celle qui touche à la chronologie. Néanmoins, en tenant compte de tous les éléments du problème, en rappelant et contrôlant les données fournies à la fois par les monuments et les écrivains grecs, on peut risquer quelques dates que, toutes les fois que l'occasion s'en présentera, nous écrirons, comme nous l'avons fait pour les mosquées, à côté des monuments dont nous voulons faire connaître l'âge. Les Pyramides, par exemple, appartiendront à la IVme dynastie (4235 ans avant J. C.), de sorte que, comme Chéops fut le premier roi de cette dynastie, le prodigieux monument qui lui a servi de tombeau n'a pas moins de 61 siècles de date.

Nous en avons fini avec les Pyramides. La même route qui nous a amenés au départ va nous reconduire au retour. La navigation du Nil recommence. En chemin, près du village appelé *Tamô*, est l'endroit où les Coptes prétendent que Moïse a été exposé sur l'eau. On se dirige vers Bédréchyn qui est à Saqqarah ce que Gyzeh est aux Pyramides, c'est-à-dire le port de débarquement. C'est à Bédréchyn qu'on passera la nuit qui sépare la première journée de la seconde.

2me Journée. — Il est nécessaire de partir à l'aube. Chemin faisant, on trouvera sous les dattiers des buttes noires, irrégulières, parsemées de blocs de granit. Çà et là des pans de murs bâtis en mauvaises briques crues émergent des décombres. C'est tout ce qui reste de Memphis.

Un colosse de beau calcaire siliceux, représentant le grand Ramsès (XIXme dynastie), gît dans une sorte de fossé, près du village de Myt-Rahyneh. Au moment où les invités de Son Altesse traverseront les ruines, il est sous l'eau pour quelque temps encore. On ne peut le voir.

La route du Nil à Saqqarah est de 8 kilomètres environ, quand il faut, comme en ce moment, suivre les digues. En temps ordinaire, la plaine n'étant plus inondée, on coupe à travers champs et la route est sensiblement plus courte.

Saqqarah est un village qui donne son nom à la nécropole dont il est voisin. Cette nécropole est la plus importante, la plus ancienne et en même temps la plus moderne des nécropoles de Memphis. Elle s'étend le long de la lisière des sables sur une longueur d'environ 7000 mètres et une largeur de 500 à 1500.

Comme la nécropole de Gyzeh, la nécropole de Saqqarah est surtout une nécropole de l'Ancien-Empire. Au centre s'élève, comme le noyau de ce vaste ensemble, une pyramide singulièrement bâtie à six degrés. Si les traditions sont vraies, si le lieu dont cette pyramide occupe le centre s'appelle *Ko-Komé* et si le roi *Onennéphès* fit bâtir en ce lieu nommé Ko-Komé sa pyramide, il s'ensuivrait que la pyramide à degrés remonte à la Ire dynastie, et qu'elle est, par conséquent, le plus ancien monument connu de l'Egypte et du monde.

La nécropole de Saqqarah est si vaste, qu'il est impossible de la visiter toute entière. Les monuments que l'on est dans l'habitude de voir, sont : le *Sérapéum*, le *Tombeau de Ti*, le *Tombeau de Phtah-hotep*.

Apis, comme image vivante d'Osiris descendu sur la terre, était un taureau qui, vivant, avait son temple à Memphis (Myt-Rahyneh), et mort avait son tombeau à Saqqarah. Le palais que le taureau habitait de son vivant à Memphis , s'appelait l'*Apiéum*; le Sérapéum était le nom donné au tombeau.

Autant qu'on peut en juger par les restes retrouvés pendant les fouilles, le Sérapéum était un édifice qui avait l'apparence extérieure des autres temples de l'Egypte, même de ceux qui n'ont point une destination funéraire. Une allée de sphinx y conduisait. Deux pylônes le précédaient. Il était environné d'une enceinte. Mais ce qui le distinguait des autres temples, c'est que, dans l'une de ses chambres, s'ouvrait tout-à-coup un chemin en pente qui gagnait bientôt le roc sur lequel le temple était bâti, et donnait accès dans de vastes souterrains. Ces souterrains étaient la *Tombe d'Apis.*

Le Sérapéum proprement dit, c'est-à-dire l'édifice extérieur, n'est plus aujourd'hui qu'une plaine de sables mêlés d'éclats de pierres incroyablement bouleversés. Le Sérapéum n'existe donc plus. Mais la plus belle et la plus intéressante partie de la tombe souterraine peut encore être visitée.

Nous en ferons l'historique.

La tombe d'Apis se compose de trois parties séparées, c'est-à-dire qui n'ont entre elles aucune communication directe.

La première et la plus ancienne remonte à la XVIIIme dynastie et à Aménophis III. Elle a servi à la sépulture des Apis jusqu'à la XXme. Ici les tombes sont isolées. Autant d'Apis morts, autant de chambres sépulcrales que l'on creusait çà et là dans le temple, un peu au hasard. Ces chambres sont aujourd'hui cachées sous les sables. Elles n'offraient d'ailleurs qu'un très-médiocre intérêt.

La seconde partie comprend les tombes des Apis morts de Scheschonk Ier (XXIIme dynastie) à Tahkarrah (dernier roi de la XXVme). Cette fois un système nouveau a été inauguré. Les tombes ne sont plus isolées. Un long souterrain a été creusé, et de chaque côté de ce souterrain on a ménagé des chambres qu'on utilisait à mesure qu'un Apis mourait à Memphis. Le souterrain qui, à lui seul, forme la seconde partie de la tombe, est aujourd'hui inaccessible, les voûtes s'étant écroulées en quelques parties et le reste ne présentant plus assez de solidité pour qu'on en permette la visite aux voyageurs.

La troisième partie est celle que tout le monde connaît. Elle commence à Psammétichus Ier (XXVIme dynastie) et finit aux derniers Ptolémées. Le même système de souterrain commun a été suivi, seulement sur une échelle beaucoup plus grande. Les nouvelles galeries ont environ 350 m. de développement, et d'un bout du grand souterrain à l'autre, on compte 195 mètres. Une autre mode a été inaugurée, celle des sarcophages de granit. On en compte 24 dans toute l'étendue de la tombe. Tous sont sans inscription, à l'exception des trois qui portent les noms d'Amasis (XXVIme dynastie), de Cambyse, de Khebasch (XXVIIme) et d'un quatrième dont les cartouches sont vides, mais que tout fait présumer appartenir à l'un des derniers Ptolémées. Quant à leurs dimensions, elles ont en moyenne de 2 m. 30 c. de façade sur 4 m. de profondeur et une hauteur totale de 3 m. 30 c., de sorte que ces monolithes ne pèsent pas moins, l'un dans l'autre (les vides déduits), de 65 mille kilogrammes.

Telles sont les trois parties de la Tombe d'Apis, On sait que l'exploration de cette Tombe a fourni à la science des matériaux inespérés. C'est que nous n'en voyons plus aujourd'hui pour ainsi dire que le squelette. La Tombe, quand elle a été découverte, était en effet pleine encore, bien que violée par les premiers chrétiens, d'à peu près tout ce qui n'était pas or ou matières précieuses. Une coutume avait surtout contribué à enrichir la Tombe de documents utiles. A certains jours de l'année, ou bien à la mort et aux funérailles d'un Apis, les habitants de Memphis venaient rendre visite au dieu dans sa sépulture, et comme souvenir de cet acte pieux laissaient une *stèle,* c'est-à-dire une sorte de dalle carrée arrondie par le haut qu'on encastrait dans l'une des parois de la tombe, après qu'on y avait gravé un hommage au dieu au nom du visiteur et de sa famille. Or ces documents, au nombre de 500 environ, ont été retrouvés pour la plupart à leur place antique (voyez surtout la chambre d'entrée au nord), et comme beaucoup d'entre eux sont datés à la mode du temps, c'est-à-dire de l'année, du mois et du jour du roi régnant, on voit de quel secours la comparaison de ces stèles peut être à la science et particulièrement à la chronologie.

Après le Sérapéum, les voyageurs visitent habituellement une ou plusieurs des tombes de l'Ancien-Empire dont la nécropole de Saqqarah est si riche depuis les fouilles ordonnées par S. A. Nous choisissons les Tombes de *Ti* et de *Phtah-hotep.*

On sait déjà que, sous l'Ancien Empire, les tombes des particuliers sont des *mastaba,* nous voulons dire des espèces de pyramides tronquées tout près de la base qui, de loin, se présentent sous la forme d'immenses couvercles de sarcophages. A l'extérieur peu ou point d'ornements. A l'intérieur se trouvent quelques chambres prises dans la masse de la construction.

Saqqarah n'offre que peu d'occasions d'étudier sur place l'extérieur des mastaba, et les Pyramides conviennent beaucoup mieux pour cet objet. Mais on ne trouvera qu'à Saqqarah de bonnes occasions d'étudier les chambres intérieures, et sur ce point les tombeaux de Ti et de Phtah-hotep peuvent poser pour des types parfaits.

Le visiteur a sous les yeux l'une ou l'autre de ces tombes, et nous n'avons pas besoin de lui faire remarquer le travail délicat, fini, sobre et cependant vigoureux de cette sculpture, qui date déjà de six mille ans.

Quant au sens des représentations, à l'esprit qui règne dans cette chambre destinée à rappeler le souvenir d'une mort, il convient de nous y arrêter.

Chose remarquable, tout y est aussi peu funéraire que possible. Dans les tombes des autres époques (nous en verrons plus d'un exemple à Bab-el-Molouk) une armée de dieux bizarres, fantastiques, a envahi les murs de la chambre. Le mort y est véritablement dans l'autre monde, et dans un autre monde peuplé d'êtres le plus souvent impossibles à décrire. Ici rien de semblable. En vain cherchera-t-on sur les murs une seule image de divinité. Le défunt est, non dans l'autre monde, mais dans celui-ci. Il est représenté debout, le bâton de commandement à la main, ou bien assis. La femme est à ses côtés. Ses enfants l'accompagnent. Ses serviteurs sont devant lui. Il semble qu'il n'ait pas encore quitté la terre.

Pénétrons un peu plus avant dans le sens des tableaux, et nous verrons la tendance que nous venons de signaler s'affirmer de plus en plus. Au dehors de la porte d'entrée de chaque tombeau (malheureusement cette partie est très-souvent démolie) est une inscription assez longue qui sert en quelque sorte d'enseigne au monument. On y lit le nom et les titres du défunt, puis une invocation qui résume en quelque sorte les tableaux que nous trouvons en si grand nombre dans l'intérieur. Dans cette invocation, en effet, on demande à Anubis : 1° d'accorder au personnage nommé une bonne sépulture dans la nécropole, après une vie longue et heureuse ; 2° de favoriser la route du défunt dans les régions d'outre-tombe ; 3° d'assurer pour l'éternité l'apport de ce que le texte appelle « les dons funéraires ». Or, c'est spécialement à ces trois parties de l'inscription que se rapportent les tableaux de l'intérieur, ce qu'il est facile de prouver puisqu'en définitive il n'est pas un seul de ces tableaux qui ne puisse entrer dans une des catégories suivantes :

1° *Tableaux relatifs au personnage encore vivant.* Le tombeau de Ti offre plusieurs de ces tableaux très-intéressants à étudier. Le défunt est chez lui. Des femmes de la maison exécutent des danses (couloir étroit de l'entrée, paroi du sud). Des musiciens jouent de leurs instruments ; des chanteurs les accompagnent en battant la mesure avec leurs mains (ibid). Le défunt chasse dans les marais (grande chambre, paroi du nord). Il est debout sur une barque en roseaux de papyrus ; d'une main il tient des *appelants* ; de l'autre il lance sur les oiseaux aquatiques répandus dans les longs roseaux un bâton recourbé qui part en tournoyant (ibid). Dans l'eau sur laquelle vogue la barque sont blottis des hippopotames et des crocodiles. Des serviteurs cherchent à les prendre. Un curieux épisode est le combat de deux de ces amphibies ; le crocodile est vaincu. A côté un serviteur de la maison prend un hippopotame avec une sorte de crochet, ce qui rappelle immédiatement les deux versets de Job : « Attires-tu le léviathan avec un hameçon ? et « avec une corde lui lieras-tu la langue? lui mets-tu

« un roseau dans la narine, et avec un crochet lui « perces-tu la machoire ? » (étudiez de près la figure du tombeau). Une autre scène est celle de la chasse aux oiseaux aquatiques faite par les serviteurs du défunt. Plus loin (grande chambre et paroi du nord) sont de délicieuses représentations de la vie des champs. Des vaches traversent un gué. Des veaux paissent dans une prairie. Des serviteurs conduisent un troupeau de chèvres. Les tableaux d'agriculture (ibid, paroi de l'est) ne sont pas moins curieux. On récolte le blé, on le forme en meule, on le dépique, on l'assemble en gerbes qu'on charge sur des ânes. Devant chacune de ces scènes le défunt est debout, le bâton de commandement en main, ou assis. Ici il assiste à la mise sur le chantier des barques (paroi de l'est) ; là (paroi du sud), il surveille la confection des meubles de sa maison ; autre part (petit couloir d'entrée, paroi de l'ouest) de grands navires aux voiles étendues, des barques montées par des rameurs, sillonnent pour lui les eaux du Nil. En un mot, tout, dans ces tableaux, nous montre la réalisation du premier souhait formé en faveur du défunt par l'inscription qui sert d'enseigne au tombeau. Ti mène sur la terre une vie vraiment heureuse, telle que pouvait l'imaginer un peuple si entièrement voué aux travaux agricoles. Il est au milieu des siens. Ses serviteurs l'entourent. Il atteint, comme dit l'inscription, une « vieillesse heureuse et longue. » (Comparez les inscriptions du tombeau de Phtah-hotep).

2° *Tableaux relatifs à la mort du défunt.* C'est la moins étendue des trois parties. Le défunt, debout sur une barque, assiste au transport de sa propre momie dans la nécropole. Evidemment, à voir la rareté de ces représentations, on pressent comme une sorte d'euphémisme qui force l'ordonnateur du tombeau à passer vite sur cette partie de la décoration. Notons d'ailleurs que le transport de la momie est la seule scène vraiment funéraire que nous offrent les tableaux. Ces tableaux conduisent le mort jusqu'à sa sépulture, mais ne le suivent pas dans les régions d'outre-tombe. Toutes les représentations du tombeau sont de ce monde ; pas une seule ne franchit ce seuil mystérieux qui sépare notre vie périssable de la vie éternelle.

3° *Tableaux relatifs à l'apport des dons funéraires.* Les chambres où nous nous trouvons étaient ouvertes à tous venants, et à certains jours de fête, les parents du mort s'y rassemblaient. Or, une coutume universellement suivie obligeait ces parents à apporter dans le tombeau des offrandes de toutes sortes, pains, liquides, végétaux, membres d'animaux immolés au dehors. C'est ce que notre inscription appelle « les dons funéraires. » Les tableaux relatifs à l'apport des dons funéraires sont nombreux. Les deux parois de la petite chambre située à droite du couloir d'entrée de la tombe de Ti, représentent des scènes de ce genre : des serviteurs apportent sur leur tête, sur leurs épaules, sur leurs mains étendues, des victuailles, des fleurs, des plateaux chargés de vases. Sur la paroi Est du même couloir d'entrée on a représenté l'abattage des bœufs destinés à fournir uue partie importante des dons funéraires. Dans l'intérieur de la tombe, sur le registre inférieur de la paroi Nord, est une file de femmes conduisant des animaux et portant des couffes sur la tête. Ce sont les propriétés du défunt ainsi symbolisées qui toutes concourent à l'accomplissement de la cérémonie ayant pour but l'apport des objets destinés à figurer en nature dans la chambre intérieure du tombeau. C'est dans le tombeau de Phtah-hotep que les scènes de ce genre sont clairement exprimées. Là le défunt est assis (paroi de l'Ouest, entre les deux stèles). Devant lui commence une véritable procession de serviteurs apportant les dons. En tête marchent des prêtres récitant les hymnes sacrées ; derrière eux des serviteurs sont censés disposer sur une table où elles s'amoncèlent en tas les offrandes destinées à la cérémonie. Phtah-hotep lui-même accueille les dons et on le voit porter à la bouche un vase contenant une des substances qui figurent dans « l'apport des dons funéraires. »

Nous serions entraînés trop loin si nous voulions décrire tous les tableaux, de composition si variée, qui décorent les murs des deux tombeaux de Ti et de Phtah-hotep. Ce que nous désirons faire voir au visiteur, c'est le sens général de ces tableaux, et par là le caractère de la partie du tombeau où ils sont placés. Rappelons que nous sommes ici dans l'intérieur d'un *mastaba,* mais de plain-pied avec la plaine environnante. Ici rien de lugubre, rien qui rappelle la mort. Le défunt semble chez lui. Il reçoit ses parents, les gens de sa maison. C'est d'ailleurs lui-même qui a commencé le tombeau de son vivant et a fait sculpter sur les murs les scènes dont nous venons de chercher la signification. « Les Egyptiens, dit Diodore, appellent leurs « habitations hôtelleries, vu le peu de temps qu'ils « y séjournent, tandis qu'ils nomment les tom-

« beaux demeures éternelles. » C'est bien là en effet le sens des monuments dont nous nous occupons. La maison, la ferme, les bestiaux, les champs, la moisson, tout y est, et par sa solide construction le tombeau devient vraiment une « demeure éternelle. » Quant à l'âme, quant à cette vie d'outre-tombe dont les Egyptiens ont fait la base de leur croyance et qui est partout ici absente, il faut pour la trouver aller dans une autre partie du tombeau. Mais personne ne pénètre dans celle-là, et elle doit rester éternellement cachée. Il s'agit du caveau funéraire, effectivement perdu sous terre au fond d'un puits dont l'entrée était dérobée à tous les regards. Là est la momie, mais là aussi règne le *Rituel*. Le défunt a franchi le seuil redoutable, il est maintenant dans le monde mystérieux où régnent les dieux des purs esprits.

En résumé, un édifice extérieur recouvrant : 1° des chambres accessibles en tous temps et le plus souvent décorées de tableaux ; 2° un puits vertical (1) caché à tous les yeux au fond duquel on

(1) Le tombeau de Ti offre, par une exception bien rare, une dérogation à cette règle. Le puits, tel qu'on peut le voir aujourd'hui au milieu de la cour, n'est pas vertical. Il est incliné comme le couloir d'une pyramide. Mais le principe est le même. Ce couloir incliné était rempli jusqu'au fond de blocs de pierres. Le sarcophage est en calcaire et n'a aucune inscription.

ne peut descendre aujourd'hui qu'avec des cordes et où gît la momie, telles sont les tombes de Saqqarah, et tel est, ajoutons-nous, le principe de toutes les tombes antiques qu'on trouve en Egypte.

La fin de la deuxième journée du voyage est consacrée au retour à Bédréchyn et au départ de Bédréchyn pour la Haute-Egypte. On se dirige vers Béni-Souef. La navigation du Nil étant impossible pendant la nuit, on s'arrête le soir là où le coucher du soleil surprend les bateaux à vapeur, probablement à Zawyet-el-Masloub, le port du Nil où débouche une des routes principales qui conduisent au Fayoum.

3me journée. — La 3e journée est toute entière consacrée à la navigation du Nil, sauf le temps d'arrêt forcé à Béni-Souef, pour faire le charbon. Le soir on arrivera probablement à *Kolosaneh,* où l'on passera la nuit.

4me Journée. — Station à Minieh pour le charbon. Arrivée à Béni-Hassan. Les grottes de Béni-Hassan sont taillées dans le flanc de la montagne à environs trois kil. du point d'accostage des bateaux. Toutes ne sont pas également dignes d'intérêt. Les plus importantes sont les deux dernières au nord.

Ces grottes sont des tombeaux du commencement de la XIIe dynastie (3,000 ans avant J.-C.). Les personnages qui y furent enterrés étaient de leur vivant fonctionnaires de l'Etat dans la ville à laquelle la montagne que nous visitons a servi de nécropole, mais dont nous ignorons et le nom et l'emplacement.

Le principe de ces tombes est le même que celui des tombes déjà connues des Pyramides et de Saqqarah. On y trouve : 1° une chambre accessible qui, à Saqqarah et aux Pyramides, est prise dans la masse du *mastaba*, et qui, ici, est creusée dans le roc ; 2° un puits caché et bouché, conduisant au caveau ; ici le puits s'ouvre au milieu ou dans l'un des coins de la chambre ; 3° enfin un caveau funéraire, lieu de dépôt du sarcophage et de la momie, caveau situé, aux Pyramides, à Saqqarah et à Béni-Hassan, au fond du puits.

Le principe de la décoration est aussi le même. Seulement les scènes ont un peu varié avec le temps. Le défunt est plus que jamais chez lui. On accorde plus à la biographie, à l'épisode, aux incidents. Le défunt chasse aux animaux sauvages et dans le désert. Des captifs lui apportent des présents. Des saltimbanques exécutent devant lui des tours variés de gymnastique. Du reste, comme signe caractéristique de l'Ancien et du Nouvel-Empire, même absence de toute représentation de dieux.

Nous avons dit que les tombeaux les plus importants de Béni-Hassan sont les deux tombeaux situés immédiatement vers le nord. Les architectes en admireront sans aucun doute le style. Il est utile de répéter affirmativement que les magnifiques colonnes qui décorent les façades de ces deux tombeaux et l'intérieur de l'un d'entr'eux, sont de trois mille ans antérieures à notre ère, malgré leur apparence dorique.

Le premier tombeau au nord est celui d'*Améni-Amenemha* (ainsi nommé en souvenir de quelque roi de la XIme dynastie qui portait ces deux noms). Dans l'inscription qui couvre les deux côtés de la porte d'entrée, Améni-Amenemha raconte sa vie. Il a été général d'infanterie, et comme tel il a fait une campagne contre les *Apou* et une autre contre l'Ethiopie. Le roi qui vivait alors est Ousertasen 1er. C'est avec le fils de ce roi qu'Améni-Amenemha a marché. Améni-Amenemha a été aussi gouverneur de la province de *Sah*. Comme tel, il mérita les honneurs de son souverain par sa bonne administration, etc., etc.

Le deuxième tombeau est celui de *Noum-hotep*. Les peintures en sont admirables, quoique gâtées par le temps et surtout par ces voyageurs qui trouvent que plus un monument est précieux, plus la place est belle pour lui ôter son prix en y gravant leur nom. Le tombeau de Noum-hotep est, comme celui d'Améni-Amenemha, du commencement de la XIIme dynastie, mais du règne d'Amenemha II. Dans la longue inscription qui fait le tour du soubassement de la chambre, Noum-hotep raconte également sa vie. Son père, sa mère, ses aïeux étaient établis dans la ville de *Ménat-Khoufou* (peut-être Minieh). Son père y avait vécu comme fonctionnaire et gouverneur des terres de l'Orient dans la même ville. Quant à lui, il fut, comme Améni-Amenemha, gouverneur du nome de Sah. Suit l'énumération de ses bienfaits. Il a honoré les dieux, comblé les temples de ses présents, etc., etc.

C'est dans le tombeau de Noum-hotep (paroi du nord) que se trouve représentée une des scènes les plus curieuses que l'on puisse voir, et qui, malheureusement, tend de jour en jour à disparaître. Noum-hotep est debout. Des personnages au nez fortement aquilin, à la barbe noire et pointue, arrivent devant lui. Leurs femmes, leurs enfants, les accompagnent. Ils s'avancent suivis de leurs ânes; des antilopes, des bouquetins, qui probablement sont tous leurs bestiaux, sont avec eux. Les uns portent des armes (flèches, piques, casse-têtes); l'un d'entre eux joue d'une espèce de lyre. Une inscription explique le sens de cette représentation. Ce sont des *Amou*, au nombre de 37, qui se présentent devant Noum-hotep et en signe de soumission lui offrent le précieux cosmétique appelé *Nest'em*. Sans aucun doute, cet épisode de la vie de Noum-hotep n'a en lui-même qu'un intérêt de seconde main. Il mérite cependant l'attention, parce qu'il est le plus ancien exemple connu de ces immigrations de peuples asiatiques qui, plus tard, jouèrent un rôle si grand dans les affaires de l'Egypte. Les Amou de Noum-hotep (Amou proprement *pasteur, bouvier*, est le nom générique des races syro-araméennes) sont en effet les premiers venus de ces peuplades que, de tout temps, la fertilité proverbiale de l'Egypte attira dans l'orient du Delta. Les Juifs seront, comme d'autres, confondus dans les Amou, et si le témoignage des monuments de Sân rapprochés de ceux des Amou qui vivent encore aujourd'hui en Egypte est suffisant, on peut aussi donner le nom d'Amou aux Pasteurs. Ce sont même des Amou restés en Egypte qui deviennent les terribles habitants des marais dont parlent les historiens. Retirés dans leurs *Bucholies,* ils donnent asile à Psammétichus et à Amyrtée. Plus tard, sous le nom de *Biamites* (*Bi* représente ici l'article égyptien), ils se livrent au brigandage, et mettent en pièces les troupes des khalifes Merwan et Mamoun envoyées contre eux. Enfin, il faut voir des descendants de ces mêmes Amou dans les habitants actuels du lac Menzaleh et d'une partie orientale du Delta qui vivent de leur pêche et de leurs troupeaux, et qui, jusqu'à ces derniers temps, se fondant sur leur qualité d'étrangers, ont obstinément refusé certains impôts. Les Amou du tableau de Noum-hotep, quelle qu'ait été leur tribu, ont donc une histoire. A quatre mille huit cents ans de distance, ils nous apparaissent comme les premiers atteints par un mouvement de peuples dont l'histoire d'Egypte est pleine et dont les traces, aujourd'hui encore, ne sont point effacées.

Dix-sept kilomètres séparent Béni-Hassan de Rhôdah. C'est à Rhôdah que l'on va passer la nuit après avoir visité, avec tout l'intérêt qu'il mérite, le magnifique établissement industriel qui y a créé S. A. le Vice-Roi.

5me Journée. — Voyage de Rhôdah à Siout. La dernière partie de l'après-midi est consacrée à la visite de Siout, ville très-remarquable que l'on appelle justement la capitale de la Haute-Egypte. Un très-joli chemin planté d'arbres, long d'environ trois kilomètres, y conduit.

6me Journée. — Voyage de Siout à Sohag, où l'on renouvelle le charbon. Voyage de Sohag à Girgeh, où l'on passe la nuit. Dans la dernière partie de l'après-midi, on peut visiter la ville, où l'on trouve de très-jolis spécimens de maisons bâties dans le goût *sui generis* qui distingue les constructions privées de certaines villes de la Haute-Egypte.

7me Journée. — Voyage de Girgeh à Bélianeh. C'est à Bélianeh qu'on débarque pour visiter Abydos, distant de 9 kil. de la rive.

On trouve à Abydos le *Temple de Séti*, le *Temple de Ramsès*, le *Temple d'Osiris* et la *Nécropole*.

Le temple de Séti est le grand édifice du sud récemment déblayé par les ordres de S. A. le Vice-Roi. Le temple de Séti est le *Memnonium* de Strabon, justement cité pour la magnificence de sa décoration. Séti Ier, le père de Ramsès II, en fut le fondateur. Tout ce qui dans le temple porte le nom de Séti est traité avec un art que tout le monde admirera. Au contraire, les sculptures de Ramsès sont médiocres, et quelquefois même on y trouve les traces d'une négligence qui choque. Le temple de Séti est d'ailleurs un des édifices de l'Egypte dont il est le plus difficile de pénétrer le sens. A proprement parler il se compose de sept nefs ou travées aboutissant à sept sanctuaires, comme s'il était dédié à sept dieux. L'aile méridionale, si irrégulièrement adaptée à l'édifice principal, est un autre problème dont la solution n'est pas facile à trouver. Enfin les deux rois fondateurs, Séti et Ramsès, s'y trouvent en présence de telle façon qu'inévitablement il faut conclure que ces deux rois ont régné ensemble, en d'autres termes que le temple était en voie de construction au moment où le père associait le fils au trône. A titre de renseignement, nous ajouterons que c'est dans le temple de Séti qu'a été découverte une table de rois plus complète et mieux conservée que celle dont s'est enrichi le musée de Londres (voyez le couloir montant, au sud de la deuxième salle hypostyle). Séti roi et Ramsès encore prince y sont représentés debout, l'un faisant l'offrande du feu, l'autre récitant l'hymne sacrée. Devant eux sont rangés comme dans une sorte de tableau synoptique les cartouches des 76 rois (Séti s'y comprend lui-même) auxquels ces hommages sont dédiés, et ce n'est pas sans une certaine émotion qu'en tête de la liste on voit paraître le nom de Ménès, l'antique et vénérable fondateur de la monarchie égyptienne.

Un peu plus loin au nord du temple de Séti est le temple de Ramsés II. Il ne reste du temple de Ramsés II que les murs jusqu'à une hauteur du sol d'environ 1m 50, et c'est à peine si les fouilles qui y ont été faites ont permis d'en reconstruire le plan. C'est de ce temple qu'a été enlevée la table royale de Londres, copie mutilée de celle que renferme dans son intégrité le temple de Séti. On conçoit que sur la question mythologique, un temple dévasté comme celui que nous avons sous les yeux, soit à peu près muet. Mais il n'en est pas ainsi de la question d'origine, et nous savons que le temple de Ramsés est contemporain de l'obélisque de Paris, c'est-à-dire que, commencé par Ramsés II alors qu'il n'était encore que roi associé au trône du vivant de son père Séti, il a été achevé par Ramsés II régnant seul.

Toujours en montant vers le nord est une enceinte assez vaste de briques crues. C'est là que fut Thinis, le berceau de la monarchie égyptienne; c'est là aussi que fut le tombeau de l'Osiris d'Abydos qui était pour les habitants de l'Egypte ce que le Saint-Sépulcre est pour les Chrétiens. Malheureusement, du sanctuaire le plus ancien et le plus vénéré de l'Egypte il ne reste absolument rien et il n'est même pas permis d'espérer que les fouilles en fassent retrouver les arasements. Près de là, et toujours dans l'enceinte, est un tumulus sur lequel, au contraire, on est en droit de fonder les plus belles espérances. C'est le *Kom-es-sultân*. Le Kom-es-sultân n'est pas une butte naturelle. C'est le résultat de l'amoncellement successif des tombes qui, d'âge en âge, se sont superposées et ont fini par faire le tumulus que nous avons sous les yeux. Au dire de Plutarque, les Egyptiens riches venaient de toutes les parties de l'Egypte se faire enterrer à Abydos pour reposer près d'Osiris. Très-vraisemblablement, les tombes de Kom-es-Sultân appartiennent aux personnages dont parle Plutarque. La butte de Kom-es-Sultân n'a pas que ce seul intérêt. Il est certain que la fameuse tombe d'Osiris n'est pas loin, et certains indices feraient penser qu'elle est creusée précisément dans la roche qui sert d'assise à la butte, de telle sorte que les personnages enterrés dans Kom-es-Sultân reposent aussi près que possible de la tombe divine.

Les fouilles qui s'exécutent en ce moment à Kom-es-sultân ont donc un double intérêt. Elles peuvent nous mettre entre les mains des tombes riches qui, à mesure qu'on s'enfonce plus avant dans le flanc du tumulus deviennent de plus en plus anciennes, au point qu'il n'est pas déraisonnable de supposer qu'on pourrait en trouver de la Ire dynastie. En second lieu elles peuvent, un jour ou l'autre, nous faire tomber sur l'entrée encore inconnue de la tombe divine, si cette tombe a été souterraine.

Quant à la nécropole, autant elle a offert d'intérêt pendant les fouilles qui y ont été faites par ordre de S. A. le vice-roi, (puisque les quatre cinquièmes des stèles si nombreuses qu'on trouve au Musée de Boulaq sont sorties de cette nécropole), autant, bouleversée et méconnaissable comme elle l'est aujourd'hui, elle a pour le simple visiteur perdu son importance. Remarquons que les tombes de la nécropole d'Abydos sont principalement de la VIme dynastie (3700 ans avant J. C.), de la XIIme dynastie (3000 ans avant J. C.), de la XIIIme dynastie (2800 ans) ; remarquons aussi que la plupart des tombeaux de la XIIIme dynastie sont des pyramides économiquement bâties en briques crues, l'intérieur étant évidé en forme de coupole ; remarquons enfin qu'il n'est pas rare de rencontrer parmi les tombes de cette époque et même de la VIme dynastie, des voûtes qui non-seulement sont disposées selon une coupe ogivale, mais où les briques qui forment l'ogive sont taillées en voussoir.

8me Journée. — La 8me journée se passe jusque vers le milieu de l'après-midi sur le Nil. Vers quatre heures, on arrive devant Qéneh, juste assez à temps pour aller visiter la ville.

9me Journée. — Dans la matinée de la 9me journée, on visite le temple de Dendérah.

Le temple de Dendérah est un des temples les mieux conservés et les plus importants de l'Egypte.

Il s'élève, comme tous les temples égyptiens, au centre d'une vaste enceinte qui a près d'un kilomètre en tous sens.

L'histoire du temple de Dendérah peut être résumée en deux lignes. Commencé sous Ptolémée XIII, il était fini comme construction sous Tibère, et sous Néron comme décoration. Jésus-Christ vivait à Jérusalem pendant qu'on achevait de le bâtir.

Il n'est personne qui ne soit frappé de la profusion de textes, de tableaux, de bas-reliefs dont il est couvert. On en a mis jusque sur les plafonds, sur les portes, sur les fenêtres, sur les soubassements, sur les parois des escaliers. Une remarque à faire, c'est que la composition des centaines de tableaux qui décorent l'édifice est identique. Le roi fondateur se présente à une des divinités du temple ; il récite devant elle une prière ; il accomplit un acte religieux ; tel en est l'inévitable sujet. Le roi agit ainsi comme le premier des prêtres du temple, ou plutôt comme le souverain pontife de la religion.

Quand on se trouve en présence du Temple de Dendérah, on se demande naturellement quelle est la destination de cet immense ensemble. Nous allons essayer de répondre à cette question.

Selon leur destination, les chambres du Temple de Dendérah peuvent être partagées en quatre groupes qui sont les suivants :

1° Le premier groupe ne comprend que la salle A (voyez le plan ci-joint). La salle A n'est qu'une sorte de façade monumentale. Ouverte à la grande lumière et à tous les bruits de l'extérieur, elle est sans rapport direct avec le temple proprement dit. Deux petites portes sont ménagées sur les côtés. Elles servent au passage des prêtres et à l'entrée des offrandes, que nous verrons jouer un grand rôle dans le service intérieur du temple. Quant à la grande porte, le roi seul a le droit de la franchir. Le roi s'y présente, vêtu de la longue robe, les sandales aux pieds, le bâton de la marche en main. Avant de pénétrer dans le temple, il faut que les dieux l'aient reconnu comme roi de la Haute et de la Basse-Egypte, et c'est aux cérémonies de cette consécration que les premiers tableaux à droite et à gauche de la porte d'entrée sont destinés. On y voit le roi sortant de son palais et se présentant à la porte du temple. A droite, c'est-à-dire du côté du nord, il est reconnu comme roi de la Basse-Egypte; à gauche, c'est-à-dire du côté du sud, il est nommé roi de la Haute-Egypte. A son arrivée, Thoth et Horus lui versent sur la tête les emblèmes de la purification. Les déesses Ouat'i et Suvan le coiffent de la double couronne. Après quoi Month de Thèbes et Toum d'Héliopolis prennent le roi par la main et le conduisent en présence de la déesse. La salle A n'est ainsi qu'une entrée, un lieu de passage. Le roi s'y prépare aux cérémonies que nous allons lui voir célébrer dans l'intérieur de l'édifice.

2° Le deuxième groupe se compose des chambres B, C, D, E, F, G, H, I, J, K. Cette fois nous sommes dans le temple proprement dit. Tout y est fermé, tout y est sombre, tout y est silencieux. C'est dans les dix chambres du deuxième groupe que les prêtres s'assemblent et qu'on fait les préparatifs des fêtes. Une sorte de calendrier, gravé sur les murs de la salle B, nous apprend de quelle nature étaient ces fêtes. Elles consistaient surtout en processions qui circulaient dans le temple, montaient sur les terrasses et en redescendaient pour parcourir selon les rites prévus les diverses parties de l'enceinte extérieure. Or, c'est dans la salle B qu'avait lieu le départ de ces processions. Quant aux autres salles, elles servaient à la préparation des offrandes, destinées à figurer dans les fêtes et à la conservation ou au dépôt des emblèmes qu'on portait en cérémonie pendant les processions, ce que nous allons voir. Les *salles C* et *D*, étaient des annexes de la salle B ; on y trouvait des autels devant lesquels on récitait, en passant, certaines prières. La *salle E* était le lieu de dépôt des quatre barques qui jouaient un des rôles principaux dans les processions. Au repos ces barques étaient posées sur des coffres ; quamd il fallait les sortir du temple, on les ajustait sur des barres de bois qui servaient à les transporter. Au centre de chacune d'elles était un édicule toujours fermé où l'on plaçait l'emblème mystérieux de la divinité à laquelle la barque était consacrée. Pour surcroit de précaution, un épais voile blanc était jeté sur cet édicule qui échappait ainsi à tous les regards. (Comp. dans la Bible la description de l'arche). La *chambre F* est un laboratoire. C'est là qu'on prépare les huiles et les essences avec lesquelles on doit parfumer le temple et les statues des dieux. La *chambre G* est le lieu où l'on réunit et où l'on consacre les produits de la terre qui vont figurer dans les cérémonies. Les *Chambres H* et *I* sont des passages, l'un pour les offrandes qui arrivent de la Basse-Egypte, l'autre pour les offrandes qui arrivent de la Haute-Egypte. On y consacre en même temps certaines offrandes en pains et en libations. La *chambre J* est le trésor du temple. Aussi chacun des tableaux de l'intérieur de cette chambre nous montre-t-il le roi consacrant et offrant à la divinité des sistres, des pectoraux, des miroirs, des ustensiles de toutes sortes travaillés en or, en argent, en lapis. La *chambre K* est le lieu de dépôt des vêtements dont on habille les statues des dieux. Des coffrets soigneusement fermés contenaient ces vêtements. Toutes les provinces de l'Egypte étaient censées concourir à l'entretien des objets conservés dans la chambre K.

3° Le troisième groupe comprend la chapelle L, la cour M, les salles N, O, P, Q, les deux escaliers du nord et du sud, et enfin un petit temple à douze colonnes situé sur les terrasses et que nous ne pouvons introduire dans notre plan. La fête principale du temple, celle qu'on célèbre au premier jour de l'an et qui a pour objet l'apparition de l'étoile Sirius, est tellement importante qu'on lui a consacré à Dendérah comme un petit temple dans le grand. C'est ce petit temple qui se compose des parties que nous venons d'énumérer. On disait les prières dans la *chapelle L*. Dans la *cour M*, on rassemblait les offrandes, on réunissait les membres des victimes.

La petite *chambre N* était un autre lieu de dépôt pour les objets précieux qui devaient figurer dans cette fête spéciale. Dans les trois *chambres O, P, Q,* le roi consacrait certaines offrandes. Comme toutes les autres fêtes du temple, la fête du Nouvel An consistait surtout en processions. On trouvera les détails de ces processions sur les parois des deux escaliers. Le roi marche en tête. Treize prêtres portant des bâtons d'enseigne surmontés des emblèmes des divers dieux le suivent, etc. Ainsi constituée, la procession montait par l'escalier du nord, s'arrêtait sur la terrasse au petit temple hypèthre dont chacune des douze colonnes est consacrée à l'un des mois de l'année, et redescendait par l'escalier du sud.

4° Le quatrième groupe comprend les chambres S, T, U, V, X, Y, Z, A', B', C', D'. Ici est la partie de l'édifice plus particulièrement réservée au mythe. Le noyau du temps tout entier s'y trouve et consiste en une niche située dans la chambre Z. Là le roi seul pouvait pénétrer ; là on cachait à tous les yeux l'emblème mystérieux du temple qui était un grand sistre d'or. Quant aux chambres, elles n'ont pas, comme les autres, une destination matérielle, bien que l'on y conservât des objets destinés au culte; mais elles étaient plus spécialement le lieu où l'on disait des prières. Dans la *chambre S*, c'est Isis que l'on invoquait. La *chambre T* était consacrée à Osiris. Dans cette chambre Osiris mort était censé rendu à la vie, ce qu'on exprimait symboliquement dans la chambre en changeant les habits qui couvraient la statue du dieu. La *chambre U* était l'endroit sacré d'Osiris-Onnophris. Là le dieu rajeunit son corps, il redonne la vigueur à ses membres, et déjà il apparaît comme le vainqueur de ses ennemis représentés par un crocodile que le dieu, armé d'une pique, « fait marcher à reculons. » Dans la *chambre V*, l'œuvre de la résurrection est accomplie, et le dieu se montre sous la forme d'*Hor-sam-to*. Dans les chambres X et Y, c'est Hathor que l'on vénère, considérée comme le récipient où le soleil prend chaque jour sa naissance. La chambre Z est dans l'axe du temple, et la divinité principale y est adorée sous ses titres les plus généraux. Enfin, dans les chambres A', B', C', D'. On rend un culte particulier à Pascht, considérée comme le feu qui vivifie, à Horus considéré comme la lumière vainqueur des ténèbres, à Hathor terrestre, etc.

Tel est le temple proprement dit. Le temple n'est

donc pas, comme nos églises, un lieu où les fidèles se rassemblent pour dire la prière. On n'y trouve ni chambres d'habitation pour les prêtres, ni lieux d'initiation, ni traces de divination ou d'oracles, et rien ne peut laisser supposer qu'en dehors du roi et des prêtres, une partie quelconque du public y ait jamais été admise. Mais le temple est un lieu de dépôt, de préparation, de consécration. On y célèbre quelques fêtes à l'intérieur, on s'y assemble pour les processions, on y emmagasine les objets du culte, et si tout y est sombre, si, dans ces lieux où rien n'indique qu'on ait jamais fait usage de flambeaux ou d'aucun mode d'illumination, des ténèbres à peu près complètes règnent, ce n'est pas pour augmenter par l'obscurité le mystère des cérémonies; c'est pour mettre en usage le seul moyen possible alors de préserver les objets précieux, les vêtements divins, des insectes, des mouches, de la poussière du dehors, du soleil et de la chaleur elle-même. Quant aux fêtes principales dont le temple était le centre et le noyau, elles consistaient surtout en processions qui se répandaient au dehors à la pleine clarté du soleil jusqu'aux limites de la grande enceinte en briques crues. En somme, le temple n'était donc pas tout entier dans ses murailles de pierres, et ses vraies limites étaient plutôt celles de l'enceinte. Dans le temple proprement dit, on logeait les dieux, on les habillait, on les préparait pour la fête ; le temple était une sorte de sacristie, où personne que le roi ou les prêtres n'entrait. Dans l'enceinte, au contraire, se développaient les longues processions, et si le public n'y était pas encore admis, au moins pensons-nous que quelques initiés pouvaient y prendre place. Nous ajouterons, comme renseignement, que dans l'état actuel des lieux, les maisons coptes et arabes qui ont envahi tout le pourtour du temple et de l'enceinte elle-même, ne permettent plus de se rendre bien compte de ce que le temple était, quand il s'élevait isolé et majestueux au milieu d'un vaste parvis que de hautes et sombres murailles de briques bornaient aux quatre coins de l'horizon.

Il est une partie du temple dont nous n'avons point parlé jusqu'ici, et que les voyageurs ont l'habitude de visiter. Il s'agit des cryptes. Les cryptes sont des corridors secrets, étroits et longs, ménagés dans l'épaisseur des fondations et des murailles du temple. Dans l'intention de l'architecte, les cryptes étaient de véritables oubliettes ; elles n'avaient ni portes, ni fenêtres, ni ouverture d'aucune sorte, et quand on voulait y pénétrer, on ne pouvait le faire qu'en déplaçant par un mécanisme *ad hoc* la pierre scellée à tous les yeux qui en bouchait l'entrée. Quelle était la destination des cryptes ?

La destination matérielle des cryptes ne peut faire l'objet d'un doute. On y déposait des statues de divinités en or, en argent, en lapis, en bois, des sistres, des colliers, des emblèmes de toute sorte, et à certains jours de fête on venait les y prendre pour les porter en cérémonie dans les processions. Hors le temps pendant lequel ces objets servaient à l'embellissement du culte, les cryptes étaient si bien fermées que, des chambres intérieures du temple, on n'en pouvait même soupçonner la présence.

Mais si l'emploi de la crypte comme lieu de dépôt est nettement établi, il n'en est pas de même de l'idée qui a présidé à la construction de ces souterrains invisibles. Des inscriptions nombreuses en couvrent les parois. Malheureusement, autant ces inscriptions prennent de soin à nous renseigner sur les dimensions des objets qui y sont enfermés, sur leur nombre, sur la matière dont il sont formés, autant pour tout le reste elles sont banales et sans intérêt. Quelque soin qu'on y mette, il est donc impossible de faire dire aux cryptes elles-mêmes par quel lien elles se rattachent au temple. On devine seulement que la construction de ces corridors cachés dans le sol n'est pas sans rapport avec les idées d'enfouissement et de résurrection, de vie latente et de vie active, de germination souterraine et de fleuraison, dont le temple offre des applications si nombreuses.

10me journée. — Thèbes s'étend sur les deux rives du Nil, comme Paris et Londres s'étendent sur les deux rives de la Seine et de la Tamise.

Sur la rive droite sont les temples de *Karnak* et de *Louqsor*. Sur la rive gauche sont, en marchant du nord au sud, le *Temple de Qournah*, le *Temple de Deïr-el-Bahari*, le *Ramesséum*, les *Colosses*, le *Temple de Deïr-el-Medineh*, le *Temple de Medinet-Abou*. D'autres temples ornaient avec les précédents la rive gauche de Thèbes ; ils sont démolis et quelques-uns d'entre eux ont à peine laissé une trace reconnaissable.

Sur la rive gauche existent aussi les diverses nécropoles de Thèbes. Derrière le Temple de Qournah est celle qu'on nomme *Drah-Abou'l-neg-*

gah. En avant de Deir-el-Bahari est une seconde nécropole qui s'appelle *El-Assassif ;* enfin sur la pente des collines situées derrière le Ramesséum est une troisième nécropole appelée *Scheikh-Abd-el-Qournah* et *Qournat-Mouraï*. Nous ne parlerons que pour mémoire de la *Vallée des Reines* et des deux *Vallées des Rois (Bab-el-Molouk)* situées assez loin dans le désert à l'ouest.

La matinée du premier jour de station à Thèbes est consacrée à la visite de Louqsor. Submergé sous les maisons modernes qui l'ont envahi comme une marée montante, le Temple de Louqsor n'offre au visiteur qu'un intérêt médiocre. Son plan est très-irrégulier, ce qui est dû à cette circonstance qu'originairement le temple était bâti sur le bord du fleuve et à pic sur un quai qui en suivait les détours. Comme date, le temple de Louqsor remonte à la XVIIIme dynastie et au règne d'Aménophis III. (1600 avant J.-C.). La haute colonnade qui domine le fleuve est du règne d'Horus (1480 avant J.-C.). Ramsés II (1400. avant J.-C.) fit élever les deux obélisques, les colosses qui les accompagnent et le pylône qui les suit. A l'intérieur on trouve les noms de Tahraka, de Psammétichus, d'Alexandre auquel est due, sinon la construction, au moins l'ornementation d'une partie du sanctuaire. On sait du reste que Louqsor est le centre d'un commerce plus ou moins licite d'antiquités. Les fouilles étant absolument défendues en Egypte et des fouilles seules pouvant alimenter ce commerce, il s'ensuit que Louqsor est en même temps le centre de quelques fabriques où les scarabées, les statuettes, les stèles mêmes sont imités avec une adresse qui déroute souvent l'antiquaire le plus exercé.

Dans l'après-midi, on se rend à Karnak.

Karnak est le plus merveilleux amas de ruines que l'on puisse voir. C'est même à ce seul point de vue que l'on doit visiter Karnak. Chercher à démêler dans Karnak, comme nous l'avons fait pour Dendérah, un plan, un ensemble, une destination, est en effet impossible. L'unité, si elle a jamais existé, y est aujourd'hui absolument rompue, non seulement par les dévastations que le temple a subies, mais encore par les époques qui, au temps de son intégrité, s'y sont superposées. Les antiquaires de profession trouveront donc seuls dans Karnak quelques épis à glaner; le simple voyageur doit voir ce temple comme un monument qui étonne l'imagination par sa grandeur, par sa masse, et par l'incroyable entassement de ruines qu'on y remarque. Sous ce rapport, on n'a jamais assez vu Karnak, et plus on y vient, plus l'idée qu'on s'en est fait s'agrandit. (Pour une bonne description de Karnak, voyez le *Guide* de MM. Isambert et Joanne).

Il est impossible cependant de quitter un édifice decette importance sans s'y arrêter à quelques détails. Nous indiquerons donc aux visiteurs, comme plus particulièrement intéressants à étudier, les points suivants :

1° *La Salle hypostyle.* La salle hypostyle compte à elle seule 134 colonnes. Elle mesure 102 mètres sur 51. Les cartouches les plus anciens qu'elle porte sont ceux de Séti Ier (XIXme dynastie, 1450 avant J.-C.). Certains indices feraient croire cependant que Séti n'est pas le constructeur de la salle et que l'honneur de cette grandiose conception revientà Aménophis III. Originairement la salle était couverte toute entière et le jour n'y entrait que par les fenêtres grillagées dont on voit encore des parties sur l'un des côtés de la nef centrale. Un demi-jour, un peu plus vif qu'à Dendérah, devait donc seul pénétrer dans la salle et favoriser singulièrement l'effet général en adoucissant la crudité des peintures dont les colonnes et les plafonds sont ornés.

2° *Les bas-reliefs du mur extérieur nord de la Salle hypostyle.* Ces bas-reliefs sont les monuments les plus précieux que nous possédions du règne de Séti. Ce roi y a fait représenter, sans trop de souci d'un ordre rigoureusement chronologique ou topographique, ses campagnes dans l'Asie Occidentale contre les Arméniens, les Assyriens, les *Schasou* (Arabes du désert), etc.

Séti est sur son char. Ses chevaux (le premier s'appelle *Puissance en Thébaïde)* l'entrainent dans la mêlée. Les ennemis sont les Schasou. Séti les poursuit et les perce de ses flèches. Ceux qui échappent rentrent précipitamment dans la forteresse *Kanana* qui leur sert de refuge.

A côté seconde scène de bataille. Les ennemis sont les peuples du pays de *Kharo.* Ils tombent frappés par les traits du roi. Le pays de Kharo n'est plus désormais qu'une province de l'Empire Egyptien et des forteresses dont Séti s'est emparé perdent leur nom pour en prendre un autre composé avec celui du pharaon vainqueur.

Autre campagne, cette fois contre les *Rotennou* (Assyriens) « qui n'ont pas connu l'Egypte ». Les prisonniers sont amenés enchainés pour être présentés aux dieux de Thèbes.

Le roi victorieux rentre en Egypte. Il s'arrête à *Ouat'i-en-Séti*. Il passe ensuite une autre forteresse nommée *Ta-sam-ef-en-pa*..., puis une troisième qui s'appelle *Pa-ma*. Il arrive enfin devant une ville fermée dont le nom est perdu *(Pithom-en...)*, précédé de nombreux prisonniers de toutes les nations. Là, près d'un cours d'eau peuplé de crocodiles, il reçoit les principaux fonctionnaires de l'Egypte qui sont venus pour l'acclamer.

Grande scène symbolique. Le roi lève la masse d'armes sur un groupe de prisonniers qu'il a saisis par la chevelure et qu'il va immoler devant le dieu de Thèbes. Nouvelles scènes de guerre. Le roi combat des ennemis montés sur des chars, etc., etc.

3° *Les bas-reliefs du mur extérieur sud de la Salle hypostyle.* Le visiteur qui se transportera au côté ouest de ce mur trouvera, près de la porte qui donne entrée dans la grande cour, un tableau digne de son attention. Ce tableau a été sculpté en souvenir d'une campagne victorieuse faite par le 1er roi de la XXIIme dynastie (celui que la Bible appelle Sésac) contre la Palestine. A droite Sésac lui-même est représenté levant le bras et frappant un groupe de prisonniers agenouillés à ses pieds. A gauche Ammon de Thèbes et la Thébaïde personnifiée par une femme tenant en main le carquois, l'arc et la masse d'armes, se présentent devant lui. Près de 150 personnages dont les têtes seules sont apparentes et dont les corps sont cachés derrière une sorte d'ellipse crénelée qui figure le plan d'une forteresse ou d'une ville, suivent ces deux divinités. Les inscriptions expliquent le sens de la représentation. Ce sont les dieux eux-mêmes qui amènent à Sésac les villes qu'il a prises dans sa campagne. Autant de cartouches crénelés, autant de localités vaincues. A ce tableau se rattache d'ailleurs un intérêt particulier que nous ne devons pas passer sous silence. Dans la 29e cartouche Champollion avait lu *Joudah-melek* et il avait conclu que la tête qui surmonte ce cartouche était le portrait du *roi de Juda* lui-même vaincu par Sésac. Mais les recherches de M. Brugsch ont démontré que Joudah-melek est, comme tous les autres noms sans exception, le nom d'une localité de la Palestine, et que dès-lors il n'y a aucune raison pour que nous voyions dans le personnage qui sert à symboliser cette localité le portrait de Jéroboam. Nous ajouterons au surplus que le sculpteur a donné aux 150 personnages un type à peu près commun, rappelant dans son ensemble le type des peuples vaincus, mais que pour retrouver la physionomie vraie de ces peuples il vaut mieux s'adresser aux personnages évidemment plus étudiés sur lesquels le pharaon vainqueur lève sa masse d'armes.

Le même mur se prolonge vers l'est et s'arrête bientôt à un autre mur qui le coupe à angle droit. Si l'on monte sur cet autre mur en regardant le nord, on a à sa droite un long texte qui n'est autre chose que la copie du fameux poëme de *Pen-ta-our*, œuvre littéraire composée par un poëte de ce nom pour éterniser la mémoire d'un fait d'armes accompli par Ramsès II dans sa campagne de l'an 5 contre les Khétas ; on a à gauche ce qui reste des bas-reliefs qui représentaient des épisodes d'une autre campagne sans date contre le même peuple ; enfin l'on a sous les pieds (côté ouest du mur) la stèle où est gravé avec tout l'appareil monumental du temps le traité de paix conclu entre Ramsès II et Khétasar, roi des Khétas, en l'an 21 du règne du premier de ces princes.

4° *L'Obélisque d'Hatasou.* L'obélisque d'Héliopolis a 20 mètres 27 cent. de hauteur totale, l'obélisque de Louqsor à Paris 22 mètres 80 cent., l'obélisque de la place St-Pierre à Rome 25 mètres 13 cent., l'obélisque de St-Jean de Latran à Rome 32 mètres 15 cent.; l'obélisque d'Hatasou a 33 mètres 20 cent. Il est par conséquent le plus grand obélisque connu. On remarquera avec quelle régularité il est posé sur sa base. Son axe est l'axe même du temple, et cette précision (étant donné le poids vraiment considérable du monolithe) trahit l'emploi de moyens mécaniques aussi délicats que puissants.

Les légendes qui courent du haut en bas de l'obélisque ne sont que des formules dédicatoires au nom d'*Hatasou* (XVIIIme dynastie, vers 1660 avant J.-C.). Hatasou est, comme on le sait, la fameuse régente qui tient une place considérable dans l'histoire de la XVIIIme dynastie et dont le nom est justement cité à côté de celui des Thoutmès et des Aménophis.

Au bas de l'obélisque est une inscription en lignes horizontales qui couvre les quatre faces. Cette inscription nous fait connaître quelques renseignements qu'il est bon de ne pas négliger. Ce que nous y apprenons peut se résumer ainsi : 1° le sommet de l'obélisque était recouvert « d'or pur enlevé aux chefs des nations »; s'il ne s'agit pas d'un simple pyramidion en cuivre doré comme le devait être le pyramidion de l'obélisque d'Héliopolis (plus haut, p. 20), peut-être l'inscription fait-elle allusion à cette sphère (d'or?) qu'on voit sur certains bas-reliefs de Saqqarah ; 2° l'obélisque était doré, sans doute du haut en bas ; si l'on remarque, en premier lieu que le fond des hiéroglyphes a été soigneusement poli, en second lieu que la surface plane du monument a été laissée relativement rugueuse, on conclura, de là que la surface plane (enduite d'un stuc blanc ainsi que cela se voit sur tant de monuments égyptiens) a seule reçu ce coûteux embellissement, les hiéroglyphes conservant leur couleur et leur fond de granit; 3° enfin l'inscription cite comme un fait digne d'être transmis à la postérité la prompte exécution, non seulement de l'obélisque dont nous nous occupons, mais encore de celui qui lui faisait pendant et qui est brisé, lesquels ont tous deux été achevés « en sept mois, depuis le commencement (du travail d'extraction) dans la montagne. »

Nous terminerons ces brefs renseignements sur Karnak par une dernière observation. Tout le monde remarque et admire l'entassement de pierres qui fait de Karnak, vu d'un certain côté, le monument le plus pittoresque de l'Egypte. Ces ruines se sont-elles amoncelées sous l'effort de quelque tremblement de terre? La destruction de Karnak est-elle l'effet du passage de Ptolémée Lathyre et du sac impitoyable auquel ce prince livra Thèbes après un siége de plusieurs mois? Ne serait-ce pas plutôt le résultat de la mauvaise construction du temple et de sa position par rapport au Nil? (1) Peut-être sera-t-il sage d'adopter cette dernière opinion. Les temples pharaoniques sont en effet généralement bâtis avec une négligence extrême. Le pylône de l'ouest, par exemple, ne s'est effondré que parce qu'il était creux et que dès lors l'inclinaison des murs, loin d'être un moyen de solidité, n'a plus été qu'une cause de chûte. Notons en outre que, plus que tous les autres temples égyptiens, Karnak est atteint chaque année depuis longtemps par les infiltrations du Nil dont les eaux saturées de nitre corrodent le grès. Le temple de Karnak a donc subi les injures du temps à un point que les autres temples ne connaissent point par la négligence de ses constructeurs et surtout par sa position relativement au Nil, et les mêmes causes produisant inces-

(1) Le dallage du temple est de 1m 90 environ au-dessous du niveau général de la plaine environnant.

samment les mêmes effets, on peut prévoir le temps où d'éboulements en éboulements, la magnifique salle hypostyle, par exemple, verra céder sous un dernier effort la base de ses colonnes déjà rongée plus qu'aux trois quarts et s'abattra sur elle-même, comme se sont abattues les colonnes de la grande cour de l'ouest.

11me Journée. — Première moitié de la rive gauche de Thèbes. L'itinéraire varie avec les saisons. Quand le Nil est bas, quand la plaine occidentale est à sec et qu'on a pu y tracer une route, quand surtout il est possible d'aborder sur la rive gauche en face de Louqsor, on fait de Louqsor son quartier-général et de ce point fixe on rayonne sur la ville entière, la rive gauche comprise. Mais au moment de la crue du Nil ou peu de temps après, la plaine est coupée de flaques d'eau, et des canaux encore pleins la sillonnent ; d'un autre côté une barque partie de Louqsor pour aller accoster en face s'échoue avant d'arriver, et les voyageurs doivent faire à dos d'homme une marche qui est quelquefois de deux cents mètres. Pour toutes ces raisons, on quitte Louqsor quand on veut visiter pendant la crue la rive gauche de Thèbes, et, remontant vers le nord, on va chercher à quatre kilomètres de là, un endroit où les bateaux peuvent facilement aborder et où le chemin du fleuve aux ruines est libre. En d'autres termes quand le Nil est bas on visite les temples en commençant par le sud ; quand le Nil est haut, on les visite, comme nous allons le faire, en commençant par le nord. Dans le premier cas, on reste à Louqsor ; dans le second cas, on passe sur l'autre rive, à quatre kilomètres plus bas.

Les temples qu'on visite dans ce premier jour d'excursion sur la rive gauche sont les suivants :

Temple de Qournah. C'est le plus septentrional des temples de la rive gauche. On le trouve à la lisière des terres cultivées et à l'entrée de la gorge qui conduit à Bab-el-Molouk. Il était précédé de deux pylônes dont quelques pierres révèlent seules l'existence. Contemporain du temple de Séti à Abydos (plus loin, p. 70), il est bâti comme lui sur un plan assez bizarre dont on ne se rendrait bien compte que si les inscriptions de l'intérieur nous permettaient de connaître le détail des cérémonies à la consécration desquelles ce temple a dû servir. Comme lui encore, il est plutôt funéraire. C'est là en effet le côté original du temple de Qournah. A Abydos le dieu du temple est Osiris lui-même, roi de l'enfer égyptien ; ici le dieu du temple est Ramsès Ier, et le monument est élevé à la mémoire de ce roi par son fils vivant, Séti. La position du temple sur le bord du désert et à l'entrée d'une nécropole, est ainsi expliquée. Le temple est un cénotaphe. On se rappelle ce que nous avons dit (p. 61) de cette partie des *mastaba*, bien différente du puits, où à certains jours de l'année les parents se rassemblaient, et où le défunt, quoique mort, était presque traité comme vivant. L'idée-mère du temple de Qournah est à quelques égards la même, avec la différence qui, pour un égyptien, sépare le roi de la nation. Le temple de Qournah était, si j'ose m'exprimer ainsi, hanté par le souvenir de Ramsès Ier; c'est le souvenir de ce roi qu'on y venait évoquer aux jours prévus par le rite. Quant à la momie, elle reposait plus loin, au fond de l'hypogée de Bab-el-Molouk, comme dans les *mastaba* de l'Ancien-Empire la momie reposait au fond du puits inaccessible.

Le temple de Qournah ne rappelle pas seulement par sa date le temple d'Abydos. Il le rappelle aussi par le style de ses bas-reliefs. Des deux côtés c'est le même art, la même ampleur, la même finesse. Quand on entre par la porte du milieu dans la salle aux six colonnes et qu'on pénètre dans la troisième chambre à droite, on trouve sur l'un des murs de cette chambre une admirable tête de Séti qui le cède à peine aux plus belles de celles que les murailles d'Abydos offrent à notre étude.

Le temple, avons-nous dit, est un monument élevé par Séti à la mémoire de son père Ramsès Ier. Quelques parties restèrent inachevées. Ramsès II s'en empara, et à son tour les consacra à la mémoire de son père Séti.

Le RAMESSÉUM. On va du temple de Qournah au Ramesséum en suivant la lisière des terres cultivées. On passe, chemin faisant, devant Drah-abou'l-Neggah, on traverse une partie de l'Assassif, on longe une autre partie de Scheikh-abd-el-Qournah, et bientôt on arrive devant d'importantes ruines dont les colossales cariatides et les colonnes monumentales se détachent en belle couleur jaune sur le fond des montagnes voisines. On est en présence du Ramesséum.

Le Ramesséum a été appelé le *Palais de Memnon,* le *Tombeau d'Osymandias.* Elevé par

Ramsès II, dont il porte les cartouches sculptés sur chacune de ses murailles, il a été bien plus justement appelé le Ramesséum par Champollion, nom qui lui est resté.

La pensée qui a présidé à la construction du Ramesséum est la même qui a présidé à l'érection du temple de Qournah. Ici encore le temple est un cénotaphe. Seulement, au lieu d'avoir le fils du roi défunt pour fondateur, le temple est un monument élevé à sa propre mémoire par Ramsès II lui-même. En parlant des tombes de l'Ancien-Empire, nous avons dit que ces tombes étaient faites de son vivant par le défunt, et cet usage est prouvé par des exemples si nombreux qu'il est absolument hors de contestation. Quand Améni-Amenemha, par exemple, prend la parole à Béni-Hassan et raconte que comme général d'infanterie il a battu les Ethiopiens, que comme moudyr de la province de Sah, il a été généreux envers la veuve et les petits enfants, ce n'est pas à la piété des survivants que cet éloge est dû; c'est Améni-Amenemha lui-même qui, dans une sorte d'autobiographie, nous vante ses vertus. De même Ramsès se fait construire dans la nécropole de Thèbes, en plein quartier des morts, un monument où, après lui, on viendra évoquer son souvenir, et où, naturellement, il entretient les survivants de sa piété, de sa gloire, et par conséquent de ses campagnes.

Le Ramesséum est en effet un édifice qui, funéraire dans sa partie principale, nous voulons dire dans l'intention de son fondateur, devient accessoirement historique par les nombreux tableaux d'histoire qu'on y a sculptés.

Comme le temple de Qournah, il était précédé de deux pylônes plus ou moins démolis.

On ne peut bien voir les sculptures du premier qu'à une certaine heure du jour, quand la lumière devient frisante. Les sculptures sont historiques et se rapportent à l'un des épisodes les plus curieux du règne de Ramsès II. Nous sommes en Syrie et sur les bords d'un fleuve que tout indique être l'Oronte. Ramsès est présent de sa personne, et les armes à la main vient disputer la possession du pays à une vaste confédération de peuples confondus sous le nom général de *Khétas*. Atesch est la ville la plus proche. Par un concours de circonstances qui ne sont pas tout-à-fait à l'honneur des généraux égyptiens, Ramsès se trouve tout-à-coup entouré par les ennemis. Ceux de ses soldats qui l'escortaient à ce moment ont pris la fuite. Ramsès est seul « et personne n'est avec lui ». N'écoutant alors que son courage, il se lance au milieu des chars. Il tue les chefs « des vils Khétas », force leurs troupes à repasser précipitamment le fleuve et par sa valeur personnelle change en victoire une déroute certaine. C'est de ce brillant fait d'armes dont le premier pylône du Ramesséum nous consacre le souvenir. D'un côté on voit Ramsès se précipitant furieusement dans la mêlée. Les ennemis s'enfuient pleins d'épouvante. Les uns sont broyés sous les pieds des chevaux et les roues du char ; les autres sont étendus par terre percés des flèches lancées par la main du roi ; d'autres encore sautent dans le fleuve et s'y noient. D'un autre côté, le roi est représenté assis sur son trône. Les officiers viennent le complimenter. Mais c'est par des réprimandes que le roi les accueille. « Aucun de vous, s'écrie-t-il, n'a bien agi en m'abandonnant ainsi, seul au milieu des ennemis. Les princes et les capitaines n'ont pas réuni leurs mains à la mienne. J'ai combattu, j'ai repoussé des milliers de nations et j'étais tout seul!... » En décrivant le temple de Louqsor, nous avons mentionné les deux obélisques qui précèdent le pylône et le pylône lui-même ; mais nous avons négligé d'ajouter que les représentations qui couvrent la face extérieure de ce pylône sont historiques. Or, c'est à ce même épisode de la guerre des Khétas qu'elles se rapportent, et comme ici Ramsès y est représenté accomplissant l'exploit qui est resté pour lui-même un des grands évènements de son règne, puisqu'il l'a fait reproduire au Ramesséum, à Louqsor, à Karnak, à Ibsamboul, et que nous allons le trouver une autre fois encore occupant le second pylône du temple dont nous faisons la description.

Ce qui reste du second pylône ne semble tenir debout que par un miracle d'équilibre, et si l'on ne savait qu'il y a soixante-dix ans, les artistes qui accompagnaient l'expédition française l'ont vu et dessiné comme nous le voyons et le dessinons aujourd'hui, on craindrait de le voir à chaque instant s'écrouler.

Ce second pylône donnait accès dans une cour bordée de pilastres auxquels de grandes figures de Ramsès, revêtu des attributs d'Osiris, sont adossées. Ce que nous avons dit du caractère principalement funéraire du temple explique cette disposition.

En avant du pylône, c'est-à-dire du côté est, était placée la plus gigantesque statue que les

Egyptiens aient taillée dans un seul bloc de granit. Elle mesure 17 mèt. 50 c. de hauteur et son poids n'est pas moindre de 1,217,872 kilogrammes. Ramsès, bien entendu, est le personnage représenté. Malheureusement, de l'une des œuvres les plus prodigieuses qui soient sorties du ciseau égyptien, il ne reste que des fragments. La face est mutilée, et quand on voit cet effrayant monolithe brisé avec un tel acharnement, on se demande ce qu'il y a de plus étonnant de la patience et de la force de ceux qui l'ont apporté d'Assouan pour en faire l'ornement d'un temple, ou de la force et de la patience de ceux qui l'ont jeté par terre et renversé sur le dos.

Sur la façade intérieure du pylône auquel le colosse de Ramsès était appuyé sont sculptés de nombreux tableaux historiques où nous retrouvons l'épisode de la bataille contre les Khétas. Ici le jour est plus favorable et les détails de la scène peuvent être mieux étudiés. Ramsès est au milieu de la mêlée, semant la mort autour de lui, et déjà des cadavres nombreux jonchent le champ de bataille. Ici, c'est *Krabatousa*, l'écuyer du prince de Khéta, là c'est *Rabsomma*, capitaine des archers, qui tombent atteints par les flèches du roi. L'Oronte est sur la route des Khétas qui fuient éperdus. Ils s'y précipitent, et de l'autre côté du fleuve, on voit retirer des flots l'un des généraux ennemis que ses soldats suspendent la tête en bas, pour lui faire rendre l'eau qui l'a suffoqué. Les épisodes que le sculpteur a réunis çà et là avec plus de bonne volonté que de talent, sont aussi nombreux qu'intéressants, comme on peut le voir en jetant les yeux sur les diverses parties des grands tableaux qui couvrent le pylône. Nous ne nous y arrêterons pas davantage.

Des scènes religieuses où Ramsès est représenté en adoration devant les dieux de Thèbes, de longues listes des princes et des princesses de la famille du roi, un tableau astronomique que les beaux travaux de M. Biot ont rendu célèbre, se trouvent dans les autres parties du temple. Une salle hypostyle s'ouvrait aux cérémonies intérieures de l'édifice On en admire les colonnes dont les chapitaux en fleurs épanouies ont une grâce que les lourdes colonnes de la salle hypostyle de Karnak sont loin de posséder.

Les Colosses. Les colosses précédaient le pylône d'un temple qui a disparu jusqu'aux fondements. Le temple était en calcaire et a péri victime de la richesse de ses matériaux. Les colosses sont en brèche, et comme ils n'ont pas servi à alimenter les fours-à-chaux voisins, ils ont survécu.

Sans aucun doute, le temple dont les colosses annonçaient si magistralement l'entrée était à Aménophis III ce que le Ramesséum était à Ramsès II, et ce qu'était à Ramsès III Médinet-Abou. On voit par là que la destruction de cet édifice a privé la science de documents qui auraient probablement jeté un jour très-vif sur un des règnes les plus intéressants de l'histoire égyptienne.

Les deux colosses sont en brèche, mêlée de cailloux agatisés. Primitivement ils étaient monolithes. Un accident, sur lequel nous reviendrons, ayant fait perdre au colosse du nord sa partie supérieure, cette partie a été rebâtie en blocs disposés par assises. Les deux colosses ont leur base isolée, de même matière qu'eux.

Quand les deux statues s'élevaient en face du pylône, debout sur leur base, elles avaient 19 m. 60 c. de hauteur, ce qui est la hauteur d'une maison à cinq étages de Paris. Détachées du socle sur lequel elles sont posées, les statues proprement dites, n'ont plus que 15 m. 60 c. Leur enfouissement dans le sol environnant est d'ailleurs le même (1 m. 90 c.) que celui de Karnak.

Nous n'avons pas besoin d'ajouter que les deux statues représentent Aménophis III, assis dans la pose hiératique. Les statues adossées au siége, sont celles de la mère et de la femme de ce prince.

La statue du nord est le *Colosse de Memnon*, si célèbre pour les voyageurs qui, dans les deux premiers siècles de la domination romaine en Egypte, ont visité la terre des Pharaons. Destiné par Aménophis III à orner la façade de son temple, ce colosse resta pour tout le monde la statue d'Aménophis jusqu'au jour où, en l'an 27 avant notre ère, un tremblement de terre en fit tomber la partie supérieure (1). Chose étrange, cet accident qui enlevait au colosse sa valeur, est le fait qui lui donna sa célébrité. On s'aperçut bientôt, en effet, que du socle resté en place, un tintement sonore semblable à une voix humaine s'échappait quand le soleil du matin frappait le monument de ses rayons. Sans aucun doute, ce

(1) *Thebæ Aegypti usque ad solum dirutæ sunt*, dit Eusèbe. Si ce tremblement de terre eut cette violence, on peut lui attribuer la chute du pylône dont les débris accumulés font une impression si navrante quand on entre dans la grande cour de Karnak. La corrosion de la base des murs par le nitre n'en est pas moins la cause qui a amené le plus d'écroulements dans le temple de Karnak.

tintement n'était que le résultat du craquement de la pierre mouillée par la rosée de la nuit et échauffée par le soleil. Mais pour les Grecs et les Romains qui voyageaient alors en Égypte, le phénomène ne tarda point à prendre le caractère du miracle. Le colosse était situé dans un quartier de Thèbes appelé les *Memnonia*. Memnon était dans les traditions qui avaient cours parmi les étrangers, le légendaire fondateur des édifices de cette partie de la ville. La voix qu'on entendait, n'était-ce pas la plainte de Memnon implorant sa mère divine l'Aurore? La célébrité du colosse se répandit aussitôt. De toutes parts on vint pour entendre la voix merveilleuse, et à l'envi on se mit à graver sur les jambes de la statue les témoignages de l'admiration de ceux que leur bonne fortune avait rendus témoins de ce miracle. Enfin, après deux siècles et demi, Septime Sévère crut faire taire la plainte du héros et rendre sa voix plus belle en rétablissant le colosse. Il n'y réussit qu'à demi. Le héros ne se plaignit plus, mais la voix étouffée sous les blocs de grès qu'on voit encore aujourd'hui en place, cessa pour toujours de se faire entendre.

On peut voir à la seule inspection des jambes du colosse combien les témoignages d'admiration dont nous venons de parler ont été nombreux. En général les inscriptions sont datées, les plus anciennes du règne de Néron, les plus récentes du règne de Septime Sévère. La seule époque d'Adrien en a fourni vingt-sept à la collection, sans compter celles, plus nombreuses, qu'aucune date ne signale à l'attention. Le plus souvent les inscriptions sont en prose et revêtent la forme la plus simple, comme celle-ci : « Sabine Auguste, femme de l'empereur « César Auguste a entendu deux fois Memnon, « pendant la première heure, » et cette autre : « Moi.... Vitalinus, épistratège de Thébaïde, avec « ma femme Publia Sosis, j'ai entendu Memnon, « l'an III..., au mois de pochôn, deux fois, à une « heure et demie. » Mais quelquefois aussi la poésie est employée, et comme modèle de ce genre nous citons les deux suivants : « Moi, Pétroniamus, « qui tiens de mon père le nom de Duillius, italien « de naissance, je t'honore par ces vers élégiaques, « en faisant au dieu, qui me parle, un présent « poétique. Mais en retour, ô roi, accorde-moi « une longue vie. Beaucoup viennent en ce lieu « pour savoir si Memnon conserve une voix dans « la partie du corps qui lui reste. Quant à lui, assis « dans son trône, privé de sa tête, il résonne en

« soupirant pour se plaindre à sa mère de l'ou-
« trage de Cambyse ; et lorsque le brillant soleil
« lance ses rayons, il annonce le jour aux mortels
« ici présents. » — « Ta mère, la déesse Aurore
« aux doigts de rose, ô célèbre Memnon, t'a rendu
« vocal pour moi qui désirait t'entendre. La dou-
« zième année de l'illustre Antonin, le mois de
« pochôn comptant treize jours, deux fois, ô être
« divin, j'ai entendu ta voix, lorsque le soleil quit-
« tait les flots majestueux de l'Océan. Jadis le fils
« de Saturne, Jupiter, te fit roi de l'Orient ; main-
« tenant tu n'es plus qu'une pierre ; et c'est d'une
« pierre que sort ta voix. Gémella a écrit ces
« vers à son tour, étant venu ici avec sa chère
« épouse Rufilla et ses enfants. »

Deir-el-Médineh. Entre les Colosses et Medinet-Abou, derrière la partie de la nécropole antique nommée *Qournat-Mouraï*, est un petit temple perdu dans un pli de terrain. Il a été commencé par Ptolomée Philopator et achevé par les successeurs de ce prince. Sans aucun doute, la place qu'il occupe dans la nécropole et la présence d'Osiris parmi les dieux de l'intérieur, en font un monument d'intention funéraire, Mais, comme il arrive souvent, les incriptions ne nous font pas aller au-delà des conjectures sur la destination définitive du monument et l'idée générale qu'il a servi à consacrer.

On ne conseillerait pas aux voyageurs de se déranger pour le visiter si son élégante façade, construite sur un modèle dont on ne trouvera pas un exemple mieux conservé en Egypte, ne valait la peine d'être vue. On étudiera aussi avec fruit une curieuse fenêtre ouverte dans la paroi sud de l'une des chambres intérieures.

MÉDINET-ABOU. Quand on traverse la rive gauche de Thèbes en arrivant du nord, comme nous le faisons en ce moment, on aperçoit tout-à-fait au sud, du plus loin qu'on vienne, une grande colline presque noire du sein de laquelle émergent ça et là quelques constructions d'un jaune doré.

La colline est le village copte qui, à la chute de la religion égyptienne, se forma autour du temple dont nous apercevons les restes, l'ensevelit peu à peu et finit par le couvrir presque entièrement de ses maisons. Le temple est *Médinet-Abou,* ainsi nommé du village qu'il a d'abord précédé, et auquel maintenant il succède.

Pour la plupart des voyageurs, Médinet-Abou est le temple célèbre élevé, comme une sorte de Versailles, à la gloire de Ramsès III. Mais en réalité Médinet-Abou est le composé de deux temples, dont voici la description.

1° *Temple de Thoutmès II.* Aux chapiteaux fleuris des colonnes qui s'élèvent dans le fond de la première cour, au style gauche des sculptures et particulièrement des hiéroglyphes, on devine que l'entrée est d'époque romaine. On lit en effet les noms de Titus, d'Adrien, d'Antonin, sur les diverses parties de la cour.

Le pylône à moitié construit qui vient après la cour est également d'époque romaine, bien que la porte placée entre eux soit d'un côté du règne de Ptolémée Lathyre, de l'autre côté du règne de Ptolémée Aulète.

Une petite cour se présente ensuite, bordée à son extrémité par un pylône de la construction la plus élégante. Ici il faut presque deviner les dates. Quelques cartouches de Tahraka (XXVme dyn., 680 av. J. C.), de Nectanébo II (XXXme dyn., 350 av. J. C.) sont bien visibles çà et là ; mais quelquefois il faut savoir rendre à son véritable auteur un cartouche que Ptolémée Lathyre a pris à Nectanébo, lequel l'a pris lui-même à Tahraka.

Quand on a franchi la porte ouverte au milieu

du pylône et passé l'autre cour qui suit cette porte, on est dans le temple proprement dit. Les cartouches les plus anciens qu'on y trouve sont ceux de Thoutmès II, les plus nombreux sont ceux de Thoutmès III. Viennent ensuite, jusqu'à Ptolémée Physcon, des cartouches de presque toutes les époques dont il est curieux d'étudier l'enchevêtrement au milieu des restaurations que le temple a subies.

Maintenant que nous connaissons le fondateur et les diverses époques du temple de Thoutmès, quelle en est la destination? à quel usage était réservé ce petit édifice avant que Ramsès III lui donnât pour voisin le grandiose monument qui attire à lui seul aujourd'hui toute l'attention? C'est ce que les inscriptions ne disent pas.

2° *Temple de Ramsès III.* Le temple de Ramsès III, est par sa grandeur, par son ensemble, par son importance historique, par son style, par la variété des tableaux dont il est décoré, un des monuments égyptiens dont la visite laisse la plus agréable et en même temps la plus forte impression.

Il se compose de deux parties séparées par une cour. La première est ce qu'on appelle le *Palais*.

C'est celle qu'on trouve d'abord en pénétrant dans l'édifice par sa porte d'entrée. Vient ensuite le *Temple* proprement dit qui s'annonce par un majestueux pylône.

A. Le Palais a tous les caractères d'une habitation royale. Deux grandes tours carrées, dont les quatre murs sont symétriquement inclinés vers un centre commun, en forment le corps de logis principal. Les détails d'architecture méritent d'être étudiés. A l'extérieur, les fenêtres se présentent entourées d'ornements spéciaux d'une grande originalité (voyez surtout le côté nord). Des balcons supportés par des prisonniers couchés sur le ventre font saillie sur le mur. Aux étages supérieurs on voit que des consoles étaient destinées à supporter les extrémités du velarium qui devait s'étendre au-dessus du passage d'entrée et protéger du soleil la façade orientale. Mais c'est principalement dans les chambres intérieures que se montre le caractère privé de l'édifice. Là Ramsès III est réellement chez lui, au milieu de sa famille. Une de ses filles lui apporte des fleurs ; il joue aux dames avec une autre ; il reçoit des fruits d'une troisième qu'il caresse en signe de remercîment.

On conçoit que, dans une construction de cette

importance, Ramsès ne pouvait oublier l'histoire et le soin de se mettre en relief comme conquérant. Dès la porte d'entrée, en effet, Ramsès est représenté amenant aux dieux les prisonniers qu'il a faits sur l'ennemi. Avec une habilité dont on est justement frappé, le sculpteur égyptien a su donner à chacun de ces prisonniers le type de sa race. Songeons que nous sommes ici au XIIIe siècle avant notre ère, et que nulle part l'ethnographie ne trouvera à étudier sur des exemples plus authentiques les nations qui, à ce moment, peuplaient l'Asie occidentale, la Libye et le Soudan. A la porte d'entrée la plus orientale, le passage qui conduit au palais s'élargit subitement et forme deux sortes de petites cours carrées. Qu'on interroge les sculptures qui décorent la paroi ouest de ces cours. C'est là surtout qu'on trouve, dessinées avec un art parfait, des têtes de captifs qui ne peuvent pas être autre chose que des portraits. Du côté droit, nous voulons dire du côté du nord, sont les captifs asiatiques ; du côté du sud sont les captifs de la Libye et du pays de Kousch. Les prisonniers asiatiques sont ainsi désignés : 1° « Le vil chef des *Khétas*, en prisonnier vivant » ; il a la figure pleine, sans barbe ; les oreilles sont ornées de grands anneaux ; la tête est couverte d'un bonnet collant d'où s'échappe une sorte de queue qui retombe sur le dos ; 2° « le vil chef du pays *d'Amaro* », à la figure allongée, à la barbe pointue ; 3° « le chef des ennemis de *T'akkara* », au bonnet évasé coupé droit au sommet, à la figure pleine et sans barbe ; 4° « le pays des *Schardina*, qui est dans la mer », le personnage qui symbolise ce pays est remarquable par son casque surmonté d'une boule ; 5° « le chef des ennemis de *Schasou* » ; 6° « le pays de *Toursa* qui est dans la mer. » 7° « Le chef des ennemis de *Ka...* » La file des prisonniers de la Libye et du pays de Kousch est plus endommagée. On voit encore : I° « le chef de la vile race de *Kousch* ». Le graveur par exception lui a donné les traits d'un nègre, quoique Kousch fût compris plus exactement par les égyptiens eux-mêmes dans la race des Chamites ; 2° détruit ; 3° détruit. On voit que le personnage représenté était Kouschite ; 4° « le chef du pays de *Libou* (Libye) » ; il a la barbe pointue, une tresse pend sur son oreille ; 5° « le chef du pays de *Tourses* » ; autre type Kouschite ; on remarquera le nez aquilin, et la grande robe frangée ; 6° « le chef du pays de *Maschaouasch* », si frappant par sa grande physionomie ; 7° « le chef du pays de

Taraoua » ; ce septième personnage complète avec le 1er, le 3e et le 5e, la série des quatre peuples Kouschites qui paraissent dans le tableau mêlés aux Libyens.

On ne ne trouve par d'autres cartouches que ceux de Ramsès III dans le palais de Médinet-Abou, comme dans le Ramesséum on ne trouve pas d'autres cartouches que ceux de Ramsès II.

B. C'est également au seul Ramsès III que nous allons avoir affaire dans l'intérieur du temple.

Le premier pylône forme à lui seul une monographie à laquelle il serait intéressant de consacrer une étude spéciale. De grandes stèles datées de l'an 11 et de l'an 12 mentionnent les expéditions glorieuses entreprises par Ramsès contre les Libyens, les *Maschaouasch* et d'autres peuples accourus de la Libye, de la Syrie et des îles de la Méditerranée pour se liguer contre la puissance égyptienne. Sur la façade du pylône, du côté nord, est un tableau qui mérite d'être signalé pour la tournure poétique qu'y prend une des inscriptions dont ce tableau est accomppagné. Le roi frappe de sa masse d'armes un groupe de prisonniers agenouillés. Ammon-Armachis lui présente la hâche du combat. Débarrassé de sa phraséologie un peu confuse, le discours que le dieu adresse au roi se résume ainsi : « Je tourne ma face vers le nord, et je veux que la Phénicie soit sous tes pieds ; je veux que les nations qui ne reconnaissent pas l'Egypte, apportent chez toi leur or, leur argent, leur lapis... Je tourne ma face vers l'est, et je veux que l'Arabie te fournisse en parfuns, en essences, en bois rares, tous ses produits. Je tourne ma face vers l'ouest, et je veux que les habitants du pays des *Tehennou* t'adressent leurs hommages...etc.., »

La cour qui suit le premier pylône est remarquable par les énormes statues adossées aux piliers qui bordent un de ses côtés. Comme au Ramesséum, le caractère funéraire du monument se révèle, car ces statues ne sont autre chose que les statues du roi revêtu des attributs d'Osiris.

Quand on entre dans cette seconde cour on a devant soi la face antérieure du second pylône.

Le massif méridional est couvert par un grand tableau. Ammon et Mout sont d'un côté, de l'autre est Ramsès, amenant aux divinités un groupe de prisonniers, rangés sur trois lignes. A en juger par la physionomie générale de leur costume, ces prisonniers sont les trois branches d'un même tronc. Le groupe inférieur représente les *Poursata* (on peut lire aussi *Poulista*, c'est-à-dire les *Philistins*, ancêtres de ceux qui vinrent s'établir plus tard sur les confins de l'Egypte). Le groupe du milieu nous met en présence des *Taanaouna*. Enfin, dans le groupe supérieur il faut voir les *Schakarscha* dont le nom nous est fourni par l'inscription placée en avant du roi. Tous ces peuples, comme nous le verrons tout à l'heure, sont des insulaires ou des habitants des côtes de la Méditerranée qui s'étaient ligués contre Ramsès et avaient formé avec les peuples de l'Asie occidentale une confédération que Ramsès réussit à vaincre à la suite de combats brillants sur terre et sur mer.

Sur le massif septentrional est gravée une très-longue et très-précieuse inscription dont l'interprétation a été de la part de M. de Rougé l'objet d'un beau travail. Les quinze premières lignes ne sont guère qu'une fastidieuse énumération des titres accordés au roi. L'intérêt commence à la seizième ligne. Des peuples de l'Asie, les peuples de *Khéta*, d'*Ati*, de *Karhamaska*, d'*Aratou*, d'*Arasa*, s'étaient ligués contre l'Egypte. Un second groupe de peuples, les *Poursata*, les *T'akkara*, les *Schakahscha*, les *Taanaouna*, les *Ouaschascha*, tous peuples maritimes, s'étaient réunis aux premiers.

C'est dans un endroit encore assez mal défini de la Syrie septentrionale que Ramsès rencontra ces puissants ennemis. Une première bataille eut lieu dont, naturellement, Ramsès sortit vainqueur. Un autre combat, cette fois livré sur mer, acheva la déroute des confédérés. Grâce à la valeur de Ramsès, l'Egypte échappa ainsi au danger qui la menaçait et, pour quelque temps encore, garda ses frontières dans l'Asie occidentale.

On passe la porte de granit qui réunit les deux massifs du second pylône et l'on entre dans une vaste cour qu'on peut regarder comme l'ensemble le plus précieux que nous ait légué l'antiquité égyptienne. Des quatre côtés, la cour est bornée par des galeries couvertes de sculptures revêtues de couleurs éclatantes. Les galeries du nord et du sud sont précédées de massives colonnes dont les chapiteaux représentent la fleur de lotus fermée. A l'est et à l'ouest les galeries sont soutenues par des pilastres auxquels des statues du roi étaient adossées. Des futs de colonnes en grès mal dégrossis jonchent le milieu de la cour, à côté de trois ou quatre autres de ces colonnes encore debout. C'est un souvenir de l'époque où Médinet-Abou était une ville copte qui avait fait son église de la magnifique cour dans laquelle nous nous trouvons.

Les tableaux qui couvrent les galeries intérieures sur leurs quatre faces sont si nombreux qu'il faudrait presque renoncer à les décrire. A gauche en entrant est un tableau de bataille. Le visiteur doit être maintenant familiarisé avec ces grandes figures du roi galopant sur son char à travers des ennemis qui fuient éperdus. Nous n'y revenons pas. Cette fois les ennemis sont des *Libou* (Libyens). Au fond du tableau l'artiste les a représentés avec une naïveté qui surprend plus qu'elle ne charme, se culbutant les uns sur les autres. Sur la paroi sud est un second tableau qui nous montre les princes et les généraux égyptiens amenant des prisonniers au roi victorieux. Les prisonniers, dit une inscription, sont au nombre de mille ; il y a eu trois mille morts. A côté est une inscription malheureusement mal conservée qui se rapporte à cette campagne. Dans le troisième tableau, le roi revient en Egypte. Il est précédé de plusieurs groupes de prisonniers enchaînés. Les troupes l'accompagnent. Un quatrième tableau nous le montre entrant à Thèbes et offrant ses prisonniers aux dieux de la ville.

Ces grands tableaux de bataille occupent tout le registre inférieur des côtés est, sud et nord de la cour. Mais au registre supérieur sont représentées des scènes d'un autre caractère qui ne méritent pas moins l'attention. Champollion les a décrites avec un soin tel, que nous ne pouvons mieux faire que de laisser la parole à l'illustre fondateur de l'égyptologie :

« Ramsès, dit Champollion (*Lettres écrites d'Égypte*, p. 344 de la 1re édition), sort de son palais, porté dans un naos, espèce de châsse richement décorée, soutenue par douze oeris ou chefs militaires, la tête ornée de plumes d'autruche. Le monarque, décoré de toutes les marques de sa royale puissance, est assis sur un trône élégant que des images d'or de la justice et de la vérité couvrent de leurs ailes ; le sphinx, emblème de la sagesse unie à la force, et le lion, symbole du courage, sont debout près du trône, qu'ils semblent protéger. Des officiers agitent autour du naos les flabellum et les éventails ordinaires ; de jeunes enfants de la caste sacerdotale marchent auprès du roi, portant son sceptre, l'étui de son arc et ses autres insignes.

« Neuf princes de la famille royale, de hauts fonctionnaires de la caste sacerdotale et des chefs militaires suivent le naos à pied, rangés sur deux lignes ; des guerriers portent les socles et les gradins du naos ; la marche est fermée par un peloton de soldats. Des groupes tout aussi variés précèdent le Pharaon : un corps de musique où l'on remarque la flûte, la trompette, le tambour, et des choristes, forme la tête du cortège ; viennent ensuite les parents et les familiers du roi, parmi lesquels on compte plusieurs pontifes ; enfin le fils aîné de Ramsès, le chef de l'armée après lui, brûle l'encens devant la face de son père.

« Le roi arrive au temple d'Horus, s'approche de l'autel, répand des libations et brûle l'encens ; vingt-deux prêtres portent sur un riche palanquin la statue du dieu qui s'avance au milieu des flabellum, des éventails et des rameaux de fleurs. Le roi à pied, coiffé d'un simple diadême de la région inférieure, précède le dieu et suit immédiatement le taureau blanc, symbole vivant d'Ammon-Horus ou d'Amon-Ra, le mari de sa mère. Un prêtre encense l'animal sacré ; la reine, épouse de Ramsès, se montre vers le haut du tableau comme spectatrice de la pompe religieuse ; et tandis que l'un des pontifes lit à haute voix l'invocation prescrite lorsque la lumière du dieu franchit le seuil de son temple, dix-neuf prêtres s'avancent portant les diverses enseignes sacrées, les vases, les tables de proposition, et tous les ustensiles du culte ; sept autres prêtres ouvrent le cortège religieux, soutenant sur leurs épaules des statuettes ; ce sont les images des rois ancêtres et prédécesseurs de Ramsès, assistant au triomphe de leur descendant. »

Puis vient la scène des quatre oiseaux, dont nous abrégeons la description. Les quatre oiseaux sont les génies, enfants d'Osiris et protecteurs des quatre points cardinaux. Le grand prêtre leur donne la volée afin qu'ils aillent annoncer au midi, au nord, à l'occident et à l'orient qu'à l'exemple du dieu Horus, Ramsès vient de mettre sur sa tête la couronne emblème de la dominatiou sur les régions supérieures et inférieures. « La dernière partie du bas-relief, dit Champollion, représente le roi, coiffé du Pschent, remerciant lc dieu dans son temple. Le monarque, précédé de tout la corps sacerdotal et de la musique sacrée, est accompagné par les officiers de sa maison. On le voit ensuite couper avec une faucille d'or une gerbe de blé, et, coiffé de son casque militaire comme à sa sortie du palais, prendre congé, par une libation, du dieu Ammon-Horus rentré dans son sanctuaire. La reine est encore témoin de ces deux dernières cérémonies ; le prêtre invoque les dieux ; un hiérogrammate lit une longue prière ; auprès du Pharaon sont encore le taureau blanc et les images des rois ancêtres dressées sur une même base. »

Les parties occidentales du temple ont été depuis quelque temps l'objet de travaux assez considérables ordonnés par S. A. le Vice-Roi, et le visiteur se rendra compte de la masse de décombres qui ont été enlevées quand il saura que ce point du temple était celui où se trouvait le plus haut sommet de la butte qu'avait formée la construction du village copte. Malheureusement l'opération n'a pas porté les fruits qu'on en attendait, et des colonnes décapitées, des chambres vides, des inscriptions religieuses n'ayant partout que l'intérêt banal qui s'attache aux légendes de ce genre, ont été tout ce qu'a produit le déblaiement de la partie postérieure du temple. (1)

La masse vraiment énorme de matériaux historiques en présence de laquelle nous venons de nous trouver semblerait faire croire que les ordonnateurs du temple aient épuisé leur effort dans l'intérieur

(1) C'est dans la chambre de l'angle nord-ouest qu'en soulevant le dallage on a trouvé près de mille statuettes de bronze, toutes représentant Osiris, et toutes plus ou moins mutilées à partir des jambes. Il ne faut voir dans ce dépôt qu'une autre preuve de l'usage où l'on était, quand on commençait la construction d'un temple, d'en sanctifier l'aire en la parsemant d'images divines enfouies dans le sol.

et qu'autre part Médinet-Abou n'ait plus rien à nous apprendre. Il n'en est pourtant rien. Nous passons sous silence le mur extérieur sud où est gravée la liste des fêtes à célébrer dans l'édifice sacré et qui n'offre que peu d'intérêt aux personnes dont le désir n'est pas d'approfondir le sujet. Mais le mur extérieur nord, si encombré qu'il soit, est pour nous une véritable galerie de Musée où dix tableaux rangés symétriquement nous font connaître les incidents d'une guerre entreprise en l'an 9 de son règne par Ramsès III contre les Libyens et les *T'akkaro*.

1er *Tableau*. Départ du roi et de l'armée. Les soldats sont en marche. On étudiera sur le tableau l'armement des troupes, etc..

2me *Tableau*. Grande bataille et grande victoire Les ennemis sont les Libyens de la race des *Tamahou*. Comme les héros d'Homère, le roi combat de sa personne. Le carnage est indescriptible.

3me *Tableau*. On a tué 12,535 ennemis. Les généraux amènent les prisonniers au roi vainqueur

4me *Tableau*. Harangue du roi aux généraux de l'armée. Les troupes sont sous les armes, prêtes à marcher de nouveau à l'ennemi. Détails curieux à étudier.

5me *Tableau.* Nouveau départ. Les troupes défilent. Ici comme ailleurs, les textes ne sont qu'un long étalage de louanges adressées au roi et de remercîments adressés aux dieux.

6me *Tableau.* Nouvelle bataille et nouvelle victoire. Les ennemis sont les *T'akkaro.* Le roi les culbute. Il surprend leur camp. Des femmes et des enfants s'enfuient montés sur des chariots traînés par des bœufs.

7e *Tableau.* Nouvelle marche. L'armée traverse un pays infesté de lions, probablement un des contreforts du Liban. Le roi en tue un, et en blesse un autre. C'est peut-être dans ces parages qu'Aménophis III mit à mort les cent-dix lions que, sur un scarabée du Musée de Boulaq, il se vante d'avoir immolés de sa main dans les dix premières années de son règne.

8e *Tableau.* Ici se place la seule représentation que nous ayons en Egypte d'un combat naval. La scène se passe soit très-près de la côte, soit à l'embouchure d'un fleuve. La flotte des *T'akkaro* renforcée par celle des *Schardina,* attaque la flotte égyptienne. Dans la mêlée un peu confuse on aperçoit un navire ennemi qui a coulé et qui flotte la quille en l'air. Ramsès est sur le rivage et ses archers aident à la victoire de la flotte égyptienne en criblant l'ennemi de leurs traits.

9e *Tableau*. On se met en marche vers l'Egypte. L'armée s'arrête à une place forte nommée *Migdol-en-Ramesès-haq-on*. On compte les morts par les mains coupées sur le champ de bataille. Les prisonniers défilent devant le roi. Le roi harangue ses fils et ses généraux.

10e *Tableau*. Retour à Thèbes. Le roi rend grâces aux dieux. Discours des dieux, discours du roi, discours des prisonniers eux-mêmes qui demandent au roi de les laisser vivre pour qu'ils célèbrent encore longtemps son courage et sa vaillance.

On voit par cette description, cependant très-abrégée, de Médinet-Abou, l'importance de l'admirable monument dont nous venons d'étudier les parties principales. Si maintenant nous cherchons à pénétrer dans l'intention du roi qui en a ordonné la construction, on ne peut résoudre le problème que comme il a été résolu déjà pour le Ramesséum. Ce n'est pas en vain que l'emplacement choisi est la lisière du désert et la nécropole. Il y a là comme un souci de la postérité et une sorte de fondation à perpétuité en faveur d'un mort illustre. C'est le souvenir, c'est la mémoire de Ramsès III, c'est

Ramsès III lui-même et pour ainsi dire en personne qui est vivant à Médinet-Abou.

Une dernière question reste à traiter. Cette partie réservée à la famille et que nous avons appelée *le Palais*, est-elle réellement un palais, ce qui ferait du pavillon de Médinet-Abou le seul échantillon d'architecture civile que nous possédions ? Notons que si le pavillon de Médinet-Abou est un palais, c'est que les palais étaient en pierres tout aussi solides que les temples eux-mêmes, et pourquoi les traces mêmes d'un seul autre palais ne sont-elles pas venues jusqu'à nous ? Nous ne décidons pas par là la question de savoir où logeaient les rois, question de plus en plus embarrassante depuis que nous savons qu'ils ne logeaient pas dans les temples. Mais nous inclinons à penser que jamais le pavillon de Médinet-Abou n'a été pour son fondateur un lieu d'habitation. L'idée que, vu de loin et dans le paysage, il évoque par les lignes générales de son architecture, c'est celle de ces tours triomphales *(migdol)* dont les bas-reliefs de Karnak, de Louqsor, du Ramesséum et de Médinet-Abou même, nous ont conservé les dessins, et que les rois faisaient élever sur leurs frontières, à la fois comme un moyen de défense et comme un monument de leurs victoires. Un monument d'architecture militaire, commémoratif du roi guerrier par excellence, et non un monument d'architecture civile, tel serait le pavillon de Médinet-Abou.

Nous en avons assez dit sur l'ensemble considérable et important auquel nous venons de consacrer une description peut-être trop longue. Si les invités de S. A. qui ont bien voulu nous suivre ont pris de Médinet-Abou une idée assez grande pour leur faire regarder ce monument comme ce que nous possédons de plus précieux parmi les débris de l'antique civilisation des Pharaons, notre but sera atteint.

12me Journée. — Le programme de la douzième journée comprend la visite aux divers quartiers de la nécropole de Thèbes et au temple de Deir-el-Bahari.

Pour visiter la nécropole on suit au départ le même chemin que pour visiter les temples.

On se dirige d'abord vers le temple de Qournah. Les grandes cours carrées, percées sur trois côtés de portes symétriquement alignées qu'on aperçoit en passant, sont des tombes communes que rien ne désigne à l'attention.

Quand on quitte le temple de Qournah et qu'on suit la lisière des terres cultivées, on voit à droite des collines étagées en avant desquelles est un terrain bouleversé par des fouilles nombreuses. C'est la nécropole appelée *Drah-Abou'l-Neggah*. Drah-Abou'l-Neggah est certainement la plus ancienne nécropole de Thèbes. On y rencontre surtout des tombes de la XIme dynastie, de la XVIIme et du commencement de la XVIIIme. Les rois Entef (XIme dynastie), dont les cercueils sont à Paris et à Londres, y ont été trouvés. Le cercueil de la reine Aah-Hotep et sa fameuse collection de bijoux (Musée de Boulaq), en provient également. Malheureusement il n'y a pas même une tombe à Drah-Abou'l-Neggah qui vaille la peine d'être vue. Le luxe de l'époque se portait sur les momies, et les chapelles extérieures, d'ailleurs infiniment rares, ne comportaient aucun ornement.

En continuant de marcher vers le sud, on arrive à une autre partie de la nécropole qui n'offre plus aux yeux le même aspect que Drah-Abou'l-Neggah. C'est l'*Assassif*. A Drah-Abou'l-Neggah, le terrain remué par les fouilles est jaune, avec mélange de mauvaises briques cassées, et c'est à peine si un éclat de calcaire s'y fait remarquer. Ici le terrain n'est plus, pour ainsi dire, que du calcaire écrasé. Cette différence tient d'abord à la matière du rocher dans lequel les tombes sont creusées, qui, à l'Assassif, est un magnifique calcaire blanc. Elle tient aussi aux habitudes de l'époque. On trouve à l'Assassif des tombes de la XIXme dynastie, de la XXIIme et surtout de la XXVIme. A ce moment un luxe plus grand a été déployé dans l'ornementation des chapelles extérieures. En diverses parties on a bâti quelques édicules, malheureusement démolis. Des murs épais, aussi en calcaire, qui ont servi sans doute à limiter des parties réservées de la nécropole, se rencontrent en outre assez fréquemment. Tout cet ensemble a donné à l'Assassif un aspect *sui generis* que n'a point Drah-Abou'l-Neggah. Nous ajouterons que, quant aux momies, on les trouve, non au fond de puits profonds comme à Saqqarah, mais soit dans la terre nue, soit dans des caveaux construits à un mètre ou deux de profondeur. Les tombes encore visibles de l'Assassif sont d'ailleurs peu nombreuses et peu intéressantes. Il serait impossible d'en indiquer l'emplacement sans le secours d'un plan. Le mieux est de se fier aux guides, qui ont l'habitude de les indiquer aux voyageurs.

C'est au-delà du cirque dont l'Assassif occupe le centre que sont les deux parties de la nécropole nommées *Scheikh-abd-el-Qournah,* et *Qournat-Mouraï.* Là les tombes sont creusées sur les flancs des collines. De grandes portes carrées regardant la plaine s'ouvrent çà et là, et quelques-unes d'entre elles sont rangées avec une symétrie qui, de loin, les fait ressembler aux batteries d'une forteresse. Les tombes ont d'ailleurs ici un intérêt qu'elles n'ont point à l'Assassif et à Drah-Abou'l-Neggah. Le principe d'aménagement est le même que celui des tombes de Saqqarah et de Beni-Hassan : une chambre taillée dans le roc tient lieu de chapelle extérieure où les survivants se réunissent pour les honneurs à rendre au défunt ; un puits qui donne accès au caveau mortuaire scellé à tout jamais s'ouvre dans l'une de ces chambres. Quant à la décoration, elle a dans quelques cas un intérêt très-grand, surtout quand on a pris pour sujet des épisodes de la vie du défunt. C'est ainsi que, dans la tombe d'un nommé *Houï,* fonctionnaire de la XVIIIe dynastie, sont peints des tableaux, qui disparaissent malheureusement tous les jours, et qui n'en méritent que davantage d'être étudiés. Houï, avec le titre de prince de Kousch, avait été gouverneur général du

Soudan, et un tableau nous le montre arrivant pour prendre possession de son gouvernement. Des peuples de toute couleur et de toute race se présentent devant lui. Les uns sont des nègres aux traits franchement accusés; les autres, avec le type nègre, sont de couleur brune; quelques-uns également de couleur brune, ont les traits septentrionaux; il y a aussi des hommes de couleur rouge, comme les Égyptiens, mêlés à des femmes blanches. Des giraffes, des bœufs aux longues cornes terminées en forme de mains humaines, sont amenés devant Houï. On lui apporte des anneaux d'or, des lingots de cuivre, des peaux de bêtes sauvages, des éventails à long manche, des plumes d'autruche. Un autre tableau nous montre Houï revenant d'une mission dans le pays des *Rotennou* (les Assyriens) et présentant au roi assis sur un trône les envoyés de ces peuples. La grande robe de couleurs voyantes plusieurs fois enroulée autour du corps leur sert de vêtement. Leurs esclaves, nus jusqu'à la ceinture, sont de couleur rouge et blanche. Tous ont la barbe en pointe. Quant aux dons qu'ils apportent au roi, ils consistent en chevaux, en lions, en lingots de métaux précieux, en vases d'or et d'argent curieusement façonnés. On voit par ce seul exemple l'intérêt des tombes de Scheikh-abd-el-Qournah et de Qournat-Mouraï. Nous répéterons d'ailleurs à leur propos ce que nous avons dit tout-à-l'heure des tombes de l'Assassif. Des guides choisis par le gouverneur de Qéneh accompagnent et conduisent les voyageurs. En l'absence d'un plan qui seul pourrait renseigner sur les tombes principales à visiter, on fera mieux de se confier aux guides. N'oublions pas de dire que les tombes de Scheikh-abd-el-Qournah et de Qournat-Mouraï sont, presque sans exception, de monuments de la XVIIIe dynastie et de la XIXe.

Quand la visite aux tombes des collines du sud est terminée, on revient sur ses pas, et obliquant un peu à gauche, on se dirige vers *Deir-el-Bahari*.

Chemin faisant, on coupe transversalement l'extrémité ouest de l'Assassif. L'immense tombe, dont les guides montrent la porte au fond d'une sorte de ravin, est celle de *Pétaménophis;* on n'en conseillera l'entrée qu'à ceux d'entre les visiteurs que l'odeur de chauve-souris répandue dans ce souterrain n'incommode pas. Un peu plus loin, une sorte de grande porte en briques crues appelle l'attention par la disposition extraordinaire des briques de la voûte qui surmonte l'entrée. Il est très-difficile de se rendre un compte exact de la partie de la nécropole à laquelle cette porte appartient, parce que, exploitée tour à tour par les marchands d'antiquités et les propriétaires de fours à chaux, elle a plus souffert pendant la première moitié de ce siècle que pendant les deux ou trois mille ans de sa durée totale. Tout ce qu'on peut dire, c'est qu'à l'extrémité ouest de l'Assassif, les plus anciennes tombes pourraient être de la XXVIme dynastie, et que les plus jeunes peuvent avoir quelque raison d'être attribuées aux successeurs les plus immédiats d'Alexandre.

Le temple de Deir-el-Bahari occupe le fond du cirque dont l'Assassif est le centre. Il est adossé à une montagne à pic, dont le versant opposé aboutit à la vallée que nous connaîtrons bientôt sous le nom de *Bab-el-Molouk*.

L'origine du temple n'est pas douteuse. Deir-el-Bahari est élevé à la gloire de la reine Hatasou, comme Médinet-Abou est élevé à la gloire de Ramsès III. Le lieu choisi pour l'érection de ces temples commémoratifs tient à des motifs religieux propres à l'Egypte, sur lesquels nous ne revenons pas.

Les murs de Deir-el-Bahari sont couverts de

cartouches divers qui, à première vue, établissent une certaine confusion dans l'esprit du visiteur. C'est qu'en effet Hatasou a successivement pris plusieurs noms selon qu'elle fût associée au trône du vivant de ses deux frères Thoutmès II et Thoutmès III, selon qu'elle fut régente au nom du dernier d'entre eux ou qu'elle régna en son propre nom. La science n'a pas, nous le pensons, encore dit son dernier mot sur ces différents noms, et peut-être la solution du problème se trouve-t-elle dans les inscriptions nouvellement déblayées et encore peu connues du temple de Deir-el-Bahari.

Deir-el-Bahari a été construit sur un plan bizarre qui ne rappelle, même de loin, aucun des autres temples de l'Egypte. Une longue allée de sphinx, détruite de fond en comble, deux obélisques dont les bases seules sont encore visibles, le précédaient. A partir de là le temple montait par cours successivement étagées vers la montagne, le passage d'une cour à l'autre se faisant au moyen de rampes inclinées.

Le temple de Deir-el-Bahari est bâti en beau calcaire blanc et l'on s'étonnerait qu'un seul pan de mur en soit encore debout, si l'on ne remarquait que l'Assassif, par l'abondance des ressources qu'il offre et sa proximité de la plaine, présentait aux exploiteurs des facilités que leur refusait Deir-el-Bahari.

Du reste, il est vraisemblable que Deir-el-Bahari est un temple qui a été assez tôt abandonné. Dès la XXIIme dynastie on a commencé en effet à s'en servir comme d'une nécropole, et dans une de ses chambres (celle dont nous parlerons tout-à-l'heure), on a trouvé, empilées presque jusqu'au plafond, des momies d'époque grecque, gisant sur des couches d'autres momies dont les plus anciennes pouvaient remonter jusqu'à la XXVIme dynastie.

L'histoire n'est pas plus oubliée à Deir-el-Bahari qu'au Ramesséum et à Médinet-Abou. Mais il est difficile de dire si les tableaux qu'on rencontre par fragments çà et là dispersés se rapportent à un même ensemble. En arrivant au temple par l'est, c'est-à-dire presque au bas de l'édifice, est un premier sujet. Des troupes sont en marche. Des trompettes, des officiers les précèdent. Les soldats portent toutes leurs armes. Quelques-uns ont en main des branches de feuillage. On remarquera aussi les étendards surmontés à la hampe des cartouches d'Hatasou. Evidemment, nous avons là sous les yeux l'entrée triomphale des troupes revenant d'une campagne. Plus loin, presqu'au fond du temple, à quelques pas seulement de la porte de granit qu'on aperçoit de toutes les parties de la plaine environnante, est un autre tableau, cette fois plus clair. Nous n'en avons plus que la fin. Hatasou avait envoyé ses troupes faire campagne en Arabie. L'expédition touche à son terme. Les captifs, les otages arrivent (paroi du sud). Ceux-ci mettent en tas les tributs imposés aux vaincus ; ceux-là apportent des arbres entiers dont les racines sont enfermées dans des couffes. La couleur de la peau, les armes, les vêtements de ces personnages méritent d'être étudiés. On verra aussi avec intérêt le dessin des huttes terminées par une coupole. On est au bord de la mer dont la transparence laisse naïvement apercevoir les poissons, et un détachement de troupes égyptiennes s'avance pour recevoir les arrivants. La fin du tableau se trouve sur la paroi de l'ouest. Au registre supérieur, nouveau défilé de personnages qui arrivent en suppliants. Plus bas, la flotte égyptienne est échouée sur le rivage. On embarque les tributs, et ici encore les poissons sont figurés avec un art qu'appécieront les connaisseurs en histoire naturelle. Un troisième sujet orne la chambre à côté, vers le sud. Cette fois nous ne sommes plus sur la mer Rouge aux flots verts, mais sur le Nil aux eaux bleues. Des barques richement ornées sillonnent le fleuve. Au bas du tableau de nouvelles troupes sont en marche. Mais, tout intéressants qu'ils sont, on ne peut dire si ces nouveaux épisodes se rattachent à la campagne dont la grande scène de la chambre principale nous a gardé le souvenir.

C'est près de là qu'une belle porte précédée de décombres amoncelés donne accès dans une chambre dont les sculptures ont gardé tout l'éclat de leurs couleurs. On admirera surtout, de chaque côté du couloir du fond, le personnage royal s'abreuvant de lait divin aux mamelles d'Hathor sous la forme de l'une des plus belles vaches que les bas-reliefs égyptiens puissent nous montrer.

13me Journée. Bab-el-Molouk est le St-Denis des rois de la XIXme et de la XXme dynastie. Une bifurcation de la route mène à une autre vallée située un peu plus loin dans l'ouest où les derniers rois de la XVIIIme dynastie sont enterrés.

La seule vallée que l'on visite habituellement est la première, celle des rois de la XIXme et de la XXme dynastie.

Le chemin qui y conduit est le véritable chemin de la mort. Pas un brin d'herbe n'y égaie la vue. Tout y est triste, morne, et comme brûlé par quelque feu intérieur qui a fendu et noirci les rochers. A partir du Nil, il a environ 6 kil. de longueur.

Toutes les tombes de Bab-el-Molouk sont creusées dans le roc. Elles se composent de couloirs inclinés qui s'enfoncent plus ou moins profondément dans le sein de la montagne. Une fois la momie royale à sa place, la porte était murée, et le terrain environnant nivelé de telle sorte qu'aucune marque extérieure ne révélât la place de la tombe. On voit par là que l'esprit dans lequel ces monuments funéraires ont été érigés est bien loin de l'esprit qui a présidé à la construction de toutes les autres tombes que nous avons étudiées jusqu'à présent. La chambre extérieure, celle où les survivants se réunissaient pour honorer la mémoire du mort (1), devait être, pour les rois de Bab-el-Molouk, les grands édifices commémoratifs bâtis à l'entrée de la nécropole. Les principaux et les plus solidement construits seraient seuls venus jusqu'à nous.

(1) Sur les tombes extérieures, voyez plus haut, pages 63, 64.

Le nombre des tombes ouvertes dans la vallée principale était de 21 en 1835; depuis les fouilles ordonnées par S. A. le Vice-Roi, il est de 25. Mais ces 25 tombes ne sont pas toutes royales. Des princes et même des fonctionnaires de haut rang ont été admis à l'honneur de voir leur tombeau creusé à côté de ceux des souverains de leur pays.

On lit dans Strabon : « Au-dessus du *Mem-* « *monium* sont des tombes de rois taillées dans le « roc, en forme de grottes, au nombre d'environ « quarante, admirablement travaillées et dignes « d'être vues. » Se fondant sur ce passage, on a dit que des fouilles bien dirigées dans Bab-el-Molouk amèneraient la découverte des quinze tombes qui manquent. Mais en supposant que Strabon n'ait pas compris dans les tombes royales dont il parle les tombes de la Vallée des Reines, il est juste de remarquer que, les premiers rois de la XVIIIme dynastie n'étant pas à Bab-el-Molouk, la série commence à Aménophis III et que, de ce prince au dernier roi de la XXme dynastie, on ne peut pas dire qu'un seul roi un peu connu nous manque, à l'exception d'Horus. Or Horus est un roi dont le rang chronologique est assez incertain, et en tous cas, comme il est le dernier souverain de la XVIIIme dynastie, on a plus de chance de trouver son tombeau dans la Vallée de l'Ouest, à côté des rois ses contemporains qui y sont enterrés. Il y a donc tout lieu de croire que les fouilles de Bab-el-Molouk, quelques persévérantes qu'elles soient, ne donneraient pas des résultats en rapport avec les difficultés que font naître l'éloignement de la localité et l'embarras de pourvoir d'eau les hommes réunis sur ce point. Seule, la Vallée de l'Ouest mériterait d'être sérieusement explorée la pioche en main, car c'est là que les rois de la XVIIIme dynastie, dont nous ne connaissons pas les tombeaux, pourraient être retrouvés.

Pour les invités qui ne font pas profession d'archéologie, la visite à trois ou quatre des tombes de Bab-el-Molouk est suffisante. Nous indiquerons celles-ci.

1° *Tombe de Séti* 1er dite de *Belzoni*. C'est la plus magnifique des tombes de Bab-el-Molouk, celle qui, par sa grandeur, par la profusion des sculptures dont elle est ornée, efface toutes les autres. Elle a été découverte il y a cinquante ans par Belzoni, qui l'a trouvée déjà violée. A ce moment pas un bas-relief ne manquait à ses parois, et ses peintures étaient aussi fraîches qu'au premier jour. Tout-à-l'heure, en sortant de la tombe, le visiteur aura vu de quelles mutilations elle a été l'objet depuis lors. Une sorte de légende attribue ces actes de véritable vandalisme à certains explorateurs de l'Egypte qui sont d'autant plus à l'abri des soupçons qu'en définitive ils ont rendu à l'égyptologie des services immenses. Il est plus juste de dire que ces violences faites à l'un des monuments les plus respectables de l'Egypte sont dues aux marchands d'antiquités et aux touristes eux-mêmes. Ceux-ci, dans leur indifférence, achètent en effet au poids de l'or des débris qui, toute réflexion faite, ne sont pas autre chose que les produits d'un irréparable tort fait à la science.

Dès les premiers pas que le visiteur fait dans le tombeau, il se sent littéralement dans un monde nouveau. Les tableaux presque joyeux des tombes de Saqqarah et de Béni-Hassan ne sont plus devant ses yeux. Le défunt n'est plus dans sa famille, entouré des siens. On ne façonne plus les meubles, on ne met plus les barques sur le chantier, des fermes aux nombreuses cours ne nous montrent plus les bestiaux, bœufs, antilopes, bouquetins, oies, canards, demoiselles de Numidie, défilant en présence des intendants. Tout devient, si nous osons ainsi parler, fantasque et chimérique. Les dieux y ont des formes étranges. De longs serpents se glissent çà et là au bas des chambres, ou se dressent contre les portes. Il y a des condamnés qu'on décapite, d'autres qu'on précipite dans les flammes. A vrai dire, une sorte d'épouvante saisirait le visiteur qui pénètrerait seul dans ce souterrain, s'il ne savait qu'après tout, le fond de ces bizarres représentations est le dogme même le plus consolant, celui qui, après les épreuves de la vie, assure à l'âme le bonheur éternel.

Tel est, en effet, le sens des tableaux dont les parois de la tombe sont décorées. On a dit qu'avant de leur donner la sépulture les Egyptiens jugeaient leurs rois. C'est dans le sens allégorique qu'il faut comprendre cette légende. Le jugement de l'âme après sa séparation du corps, les épreuves qu'à l'aide des seules vertus dont elle a fait preuve sur la terre elle doit surmonter, voilà le sujet des représentations presque sans fin qui couvrent la tombe de la porte d'entrée au fond de la dernière chambre. Les serpents qui se dressent à chaque porte, en lansant leur venin, sont les gardiens de l'une des stations du ciel : l'âme ne passera pas si elle ne justifie de sa piété et de sa bienfaisance. Ces longs textes qui, autre part, s'étalent sur les murs, sont des hymnes magnifiques que l'âme entonne en l'honneur de la divinité et où elle célèbre sa grandeur. Le mort, une fois jugé digne de la vie éternelle les épreuves sont accomplies ; il devient dieu lui-même ; désormais pur esprit, il circule dans le monde infini des astres. La tombe n'est ainsi que le voyage figuré de l'âme jusqu'au séjour éternel. Elle la prend à sa sortie du corps, et de chambre en chambre elle nous fait assister à sa comparution devant les dieux, à son épuration graduée ; finalement, dans la grande salle du fond, elle nous montre sa définitive admission dans la vie « qu'une seconde mort n'atteindra pas. »

Quand Belzoni découvrit la tombe, un beau sarcophage d'albâtre gisait dans la chambre du fond. Il a été pris et porté en Angleterre. Il fait aujourd'hui partie de la collection privée de M. Sloane.

Au milieu de cette même chambre du fond, on remarque un couloir qui s'enfonce encore assez loin dans le sol. La tombe devait se continuer dans cette direction. Mais soit que Séti soit mort avant l'achèvement de ce couloir, soit (ce qui est plus probable) qu'on ait rencontré au fond une couche formée de marne argileuse dont le percement offrait de vrais inconvénients, on a abandonné le couloir, et revenant à la chambre on a masqué l'entrée de ce couloir par un dallage sur lequel le sarcophage a été définitivement posé.

2° *Tombe de Ramsès III*, dite de *Bruce* ou *des Harpistes*. Autant la tombe de Séti se fait remarquer par la perfection de ces sculptures, autant elle offre à l'artiste de précieux modèles à étudier, autant la tombe de Ramsès III est médiocre et peu digne du héros de Médinet-Abou.

Vers le milieu de la tombe, de chaque côté des deux premiers couloirs, sont des chambres qui méritent l'attention. On y remarque les scènes les plus variées, des bateaux, des meubles, des ustensiles, des cottes d'armes, des arcs, des flèches, des piques. Une de ces peintures, traitée avec une largeur de style qu'on ne remarque pas dans les autres parties du tombeau, nous montre les fameux harpistes déjà popularisés par les nombreuses copies qui en ont été faites.

Le nom de *Tombeau de Bruce* a été donné au tombeau de Ramsès III en souvenir du voyageur de ce nom qui, le premier, le visita et le fit connaître.

Quand on entre dans la tombe, on ne tarde pas à s'apercevoir que le plan primitivement conçu est altéré et que le couloir d'entrée, au lieu de suivre sa première direction, s'infléchit subitement à droite. Cette circonstance est due au sans-façon avec lequel les égyptiens creusaient leurs tombes. L'architecte chargé du percement de la tombe de Ramsès a en effet si mal pris ses mesures qu'à quelques mètres de l'entrée il est tombé snr une tombe voisine qu'il a dû respecter en modifiant son tracé primitif.

Un sarcophage de granit rose, taillé en forme de cartouche royal, décorait la chambre principale du tombeau. Il a été enlevé par M. Salt. La cuve est au Louvre, le couvercle à l'université de Cambridge.

On trouve dans la tombe de Ramsès III des *graffiti* grecs. Ce fait n'est pas propre à l'hypogée dont nous nous occupons. Bien d'autres en sont couverts, et en beaucoup plus grand nombre. On voit par là que, dès le temps des Ptolémées, les tombes de Bab-el-Molouk étaient comme aujourd'hui visitées par les étrangers. Les tombes ainsi ouvertes ne pouvaient être que celles dont les momies royales avaient été violées et dispersées par Cambyse, ce qui, pour les

Egyptiens, ôtait tout caractère sacré à ces monuments.

3° Tombe de Séti II. Elle est située dans le fond de la vallée à l'ouest. Rien ne la recommande à l'attention que les tableaux sculptés en relief épais qu'on voit à droite et à gauche en entrant. L'œil habitué aux finesses de la tombe de Séti Ier a peine à s'habituer aux rondeurs de cette sculpture, si séduisante qu'elle paraisse au premier abord.

4° Tombe de Ramsès IV. Elle diffère des autres par sa largeur, la hauteur de son plafond et le peu d'inclinaison qu'on lui a donné ; on la visiterait facilement à cheval. Au fond gît le sarcophage. Il est en granit et de proportions colossales. Après la tombe de Belzoni, on ne voit plus qu'avec distraction ces peintures molles, cette gravure sans vie que rendent encore plus incertaine les milliers de *graffiti* grecs dont la tombe est couverte.

Nous ne poursuivrons pas plus loin ces indications. Aux invités que la visite aux quatre belles tombes qui précèdent n'aurait point encore satisfaits, nous indiquerons la *tombe de Ramsès VI* ; du témoignage des *griffiti* qu'on trouve dans l'intérieur, il résulte que les anciens voyageurs, pour des raisons inconnues, la désignaient sous le nom de

Tombe de Memnon; elle est remarquable par les représentations astronomiques de ses plafonds; la *tombe de Ramsès IX*; ce que les artistes chargés de la décoration des murs ont dû y dépenser de temps effraie l'imagination; dans les peintures étranges où le principe de la génération joue un si grand rôle, il ne faut rien voir autre chose qu'une application très-énergique des idées de résurrection après la mort, d'immortalité promise au défunt, qui prévalent dans le tombeau. La tombe de Ramsès VI est le nº 9 de Wilkinson; la tombe de Ramsès IX est le nº 6. C'est sous ces numéros que les guides les connaissent, et habituellement les indiquent aux visiteurs.

Le retour de Bab-el-Molouk au Nil s'effectue par trois chemins, au choix. Les plus pressés prennent par la route du matin; c'est la plus directe. S'il reste du temps à dépenser, on peut s'engager dans le sentier qui monte aux flancs de la montagne, et une fois au sommet, soit redescendre en se dirigeant vers l'est, soit redescendre en se dirigeant vers le sud. Ces deux descentes sont un peu raides et se font à pied. La première fait arriver à Deir-el-Bahari et à l'Assassif; la seconde, après des détours assez longs, mène derrière Medinet-Abou et procure ainsi au visiteur l'occasion de revoir en passant ce temple, le Ramesséum et le temple de Qournah.

14me Journée. — En partant de Louqsor le matin, on arrive à Esneh assez à temps pour faire le charbon, visiter le temple, et aller coucher le soir à Edfou.

Le temple est situé au milieu de la ville. La salle hypostyle, nettoyée jusqu'au dallage, est seule visible. On dit que les autres parties du temple gisent encore presque intactes sous les maisons de la ville qui les cachent à nos yeux; selon une autre tradition, Champollion aurait même pu encore voir le sanctuaire où il aurait reconnu le nom de Thoutmès III. Mais ces faits auraient besoin d'être établis avec plus de solidité avant d'entrer définitivement dans le domaine de la science. Ce qu'il y a de certain, c'est que, dans l'état actuel des choses, on ne voit du temple d'Esneh que sa grande salle antérieure.

La façade et toutes les colonnes de cette salle sont d'époque romaine. On y lit les cartouches de Claude, de Domitien, de Commode, de Septime-Sévère, de Caracalla, de Geta. Le fond de la salle est d'époque grecque et annonce une partie construite par Ptolémée Epiphane.

La sculpture de la salle est détestable, et la rédaction des textes est si mauvaise, si entrecoupée de jeux de mots, de calembours, de lettres détournées de leur valeur, qu'il faut une attention soutenue et presque une aptitude spéciale pour déchiffrer la signification des phrases qui se cachent sous la pitoyable écriture dont nous avons des échantillons sous les yeux. Au plafond cependant on aperçoit des chapiteaux de colonnes qui, à travers l'enduit de fumée noire dont ils sont recouverts, laissent deviner un travail soigné et délicat, et une pureté de formes qui, dans un temple de cette époque, semble dès l'abord assez étonnante. C'est que l'architecture n'a pas suivi dans leur chûte rapide la gravure et la sculpture. Peu de temps après l'avénement des Ptolémées, la gravure et la sculpture ont, en effet, toujours été en déclinant, comme si les Grecs n'avaient pu s'habituer à ces formes conventionnelles et toujours un peu en dehors de la nature que la tradition imposait à ces deux arts. L'architecture, au contraire, s'est émancipée. Elle est entrée dans une voie nouvelle où elle a presque tout gagné. La colonne a pris de la grâce. Sans renoncer encore au principe des architraves monolithes, et par suite sans se décider à élargir ses entrecolonnements, elle monte plus hardiment vers les plafonds. C'est surtout dans les chapiteaux que l'influence est manifeste. Certes le beau bouquet de lotus épanouis qui, à Philœ par exemple, forme un délicieux motif de chapiteaux, est déjà en germe à Médinet-Abou et à Karnak. Mais sous les Grecs ces anciennes formes sont modifiées et rajeunies; de nouvelles sont créées. En un mot, les Grecs ont laissé périr entre leurs mains, presque dès leur arrivée en Egypte, l'art savant et traditionnel de la sculpture en relief. L'architecture, moins hiératique, a pris au contraire un certain essor, puisque c'est sous les Grecs seulement que commencent à paraître, comme la manifestation d'un art transformé, la colonne qui n'a plus l'air de s'écraser sous ses architraves et le chapiteau aux lignes curieusement entremêlées dont le pronaos d'Esneh nous offre quelques remarquables exemples.

15me Journée. — Edfou est situé à peu de distance du fleuve, et les personnes que vingt minutes de marche n'effraient point, peuvent facilement s'y rendre à pied.

La matinée de la 15me journée est consacrée à la visite d'Edfou.

Le Temple d'Edfou est comme ces monuments qui s'annoncent eux-mêmes et dont aucune description ne peut donner une idée. Son magnifique pylône, son mur d'enceinte, sont uniques en Egypte. Quant au temple proprement dit, il rappelle de si près comme plan (sinon comme détails d'architecture) le Temple de Dendérah qui n'est personne qui n'en soit frappé.

Le déblaiement d'Edfou est le plus grand travail archéologique ordonné par S. A. le Vice-Roi. Il y a quelques années le village moderne avait envahi le temple, et ses terrasses elles-mêmes étaient couvertes de maisons, d'étables, de magasins de toute sorte. A l'intérieur les décombres s'étaient entassées presqu'aux plafonds des chambres. On se rend compte de l'effort qu'a coûté le déblaiement en entrant aujourd'hui dans ce temple où il n'est pas une ligne de texte qui ne soit facilement accessible à la curiosité du voyageur ou à l'étude du savant.

Le temple d'Edfou a été fondé par Ptolémée IV Philopator ; c'est à ce prince qu'appartiennent les sanctuaires et les chambres qui l'entourent, la chapelle et en général toute la partie postérieure du temple proprement dit. La décoration de quelques salles du centre est de Ptolémée VI Philométor. La salle hypostyle qui forme une sorte de façade monumentale en avant de l'édifice est de Philométor et de Ptolémée IX Evergète II. Le couloir extérieur porte, d'un côté les noms du même Evergète, de l'autre ceux de Ptolémée XI Alexandre. Enfin le pylône a été décoré, sinon construit, sous le règne de Ptolémée XIII Dionysos.

De curieuses inscriptions qui occupent une partie du soubassement de l'extérieur du temple, méritent d'être signalées. Nous y apprenons que chacune des chambres avait son nom, de telle sorte que rien ne serait plus facile aujourd'hui que de reconstituer en hiéroglyphes le plan topographique de l'édifice. Les dimensions de ces mêmes chambres, en coudées et en subdivisions de coudées, sont en en outre données, et comme la confrontation avec les chambres elles-mêmes peut être faite, il s'ensuit que nous possédons des termes de comparaison rigoureux entre les anciennes mesures égyptiennes et les mesures modernes. Notons encore que l'architecte du temple, qui s'appelait *Eï-em-hotep Oer-si-Ptah (Imouthès* le grand fils de *Phtah)* a signé son œuvre. Enfin, n'oublions pas d'ajouter qu'une autre inscription nous apprend que le temple, commencé sous Philopator, terminé sous Evergète II, a été achevé, après des interruptions causées par des guerres, en 95 ans, ce qui s'applique sans aucun doute à la construction proprement dite et non à la décoration, puisque du commencement du règne de Philopator jusqu'à la mort de Dionysos, le dernier des rois dont le temple porte les cartouches, il s'est écoulé 170 années.

Dans un coin de l'une des chambres où il a été poussé sans aucun doute par des mains relativement modernes, est un monolithe de beau granit gris tacheté qui, à juste titre, attire l'attention. A Dendérah le *Sanctum Sanctorum* est une niche qui occupe une paroi de la chambre du fond. Ici le *Sanctum Sanctorum* est le monument que nous avons sous les yeux. Les inscriptions qui le décorent en certifient la provenance et la date, et on peut afflrmer que le monolithe en question avait été creusé par Nectanébo 1er (XXXme dynastie) pour servir de naos au temple maintenant détruit auquel le temple actuel succède. Il est inutile d'ajouter que comme à Dendérah, cette sorte de châsse monumentale servait à enfermer l'emblème mystérieux qui était le palladium du temple.

Le temple d'Edfou, sans y comprendre le pylône et le mur d'enceinte, a 40m de façade et 71m 85 de profondeur totale. Avec le pylône sa façade est de 76m, et sa profondeur de 137m 60. La hauteur du pylône est de 35m, dix mètres de moins que la colonne de la place Vendôme.

Le temple d'Edfou et le temple de Dendérah sont si évidemment construits sur le même plan, ils sont si évidemment le produit de la même pensée répondant aux mêmes besoins religieux, que la destination matérielle des parties de l'un doit être la destination matérielle des parties de l'autre. C'est ce que l'étude des inscriptions d'Edfou met hors de doute. Les prêtres s'assemblent dans la deuxième salle hypostyle : on prépare la grande procession du jour de l'an dans la chapelle ; les offrandes sont emmagasinées dans certaines chambres, etc., etc. Quant au pylône, rien n'indique qu'il ait jamais servi à autre chose qu'à annoncer de loin l'édifice auquel il sert d'entrée monumentale. A la façade extérieure du pylône, on remarque quatre cavités prismatiques dont le fond est vertical. L'usage n'en est pas douteux. C'est dans ces cavités que l'on encastrait les immenses mâts surmontés de banderolles qui servaient à la décoration du pylône. Placés simplement sur le sol, ces mâts, qui ne devaient pas avoir moins de 45 mètres de hauteur, n'auraient jamais présenté de suffisantes garanties de solidité s'ils n'avaient été maintenus contre le pylône par des appareils *ad hoc*. C'est au dépôt et au libre jeu de ces appareils que servaient celles des chambres intérieures du pylône dont les fenêtres carrées se voient au dehors dans l'alignement vertical des rainures.

Après la visite du Temple et le retour à bord, la fin de la 15me journée est employée au voyage d'Edfou à Gebel-Silsileh.

16me Journée. — L'excellence du grès, la proximité du fleuve à la fois sur l'une et l'autre rive, les facilités d'accostage offertes aux barques de charge, sont les motifs qui ont déterminé le choix de la localité où nous nous trouvons pour en faire le centre de la plus vaste exploitation de pierres que nous connaissions en Egypte.

Les carrières les plus remarquables de Gebel-Silsileh sont sur la rive droite. Le plus souvent elles sont à ciel ouvert. Les unes sont taillées à bords escarpés de quinze à vingt mètres de hauteur ; les autres sont disposées par grands étages successivement en retrait. Partout d'ailleurs on remarquera le soin, la méthode, nous dirons la précaution avec laquelle la pierre a été exploitée. Il semble qu'on ait débité la montagne par morceaux réguliers comme un habile charpentier débite en planches le tronc d'un arbre précieux. Nous n'en serions pas certains pour d'autres raisons, que la vue seule des carrières de Gebel-Silsileh nous prouverait que les brutalités de la poudre étaient inconnues à ceux qui ont exploité ces carrières.

Les carrières de la rive gauche ne sont ni aussi étendues, ni aussi faciles à visiter. Mais la présence sur le bord même du fleuve d'un certain nombre de grottes leur donne un intérêt que les autres n'ont point. Parmi ces grottes on en distingue qui ne sont que des tombeaux. Les plus nombreuses sont dues à l'habitude qu'avaient les Egyptiens de consacrer par un proscynème, par une stèle, par un monument plus ou moins étendu, le souvenir de leur passage en certains lieux réputés saints. C'est ainsi qu'à Gebel-Silsileh où le Nil, resserré entre deux montagnes recevait un culte particulier, on trouve, gravés sur les rochers, des hymnes au fleuve qui ne manquent pas d'une certaine grandeur.

Le type de ces monuments commémoratifs est

le grand spéos que ses quatre piliers massifs désignent de loin au voyageur. Quoique utilisé plus tard par un grand nombre de personnages qui y ont laissé des traces souvent bien précieuses, il est du règne d'Horus, dernier roi de la XVIIIme dynastie.

Nous sortirions de notre cadre si nous entreprenions de décrire tout ce que le Spéos de Gebel-Silsileh offre d'intéressant. Nous signalerons seulement les deux tableaux sculptés à côté l'un de l'autre à l'angle sud-ouest du monument.

L'un (paroi du sud) représente une déesse nourrissant de son lait divin le roi Horus encore enfant. Certes l'Egypte n'a jamais, comme la Grèce, atteint l'idéal du beau, et il est vraisemblable qu'elle n'y a jamais songé. Mais, en tant qu'art Egyptien, le bas-relief du Spéos de Gebel-Silsileh est une des belles œuvres que l'on puisse voir. Nulle part, en effet, la ligne n'est plus pure, et il règne dans ce tableau une certaine douceur tranquille qui charme et étonne tout à la fois.

A côté, sur le retour de la paroi du côté ouest, est un autre tableau, bien connu sous le nom de *Triomphe d'Horus*. Le roi est assis sur son trône porté par douze officiers de l'armée. Deux autres officiers tiennent au-dessus de sa tête le flabellum à long manche. C'est la rentrée triomphale en Egypte à la suite d'une expédition victorieuse contre les Kouschites du Soudan. Des soldats armés précèdent le cortège qu'accompagnent, dans des postures qui témoignent de leur frayeur, les prisonniers faits aux ennemis.

L'exploration de Gebel-Silsileh a occupé une grande partie de la 16me journée. On se dirige vers Ombos. Le soleil n'est pas encore couché quand on arrive devant ce lieu. On a le temps encore de visiter le temple.

Il n'y a presque rien à dire sur ce monument qui est destiné à devenir tôt ou tard la proie du Nil, de quelque soin qu'on l'entoure. Œuvre des rois grecs successeurs d'Alexandre comme Edfou et Dendérah, il porte en diverses parties les noms de Philométor, d'Evergète II et de Dionysos. Il offre cette particularité d'être en quelque sorte la réunion de deux temples justaposés dédiés aux deux principes éternellement ennemis, l'un la lumière adorée sous le nom d'Horus, l'autre les ténèbres que le dieu crocodile Sébek symbolise.

Du reste, si l'on ne visitait Ombos qu'avec l'intention d'en chercher l'époque, il n'y aurait pour ainsi dire pas besoin de descendre à terre. Du plus loin qu'on l'aperçoit, le temple d'Ombos se révèle comme un temple ptolémaïque. Les vues qu'à suggérées le temple d'Esneh se représentent en effet ici. A l'arrivée des Grecs, l'architecture égyptienne proprement dite a reçu un choc en avant, et de ce moment est née la colonne au chapiteau *sui generis* qui ne se trouve, comme à Ombos, que sur les temples d'origine greco-égyptienne.

La 16e journée est finie. C'est demain qu'en arrivant à Assouan, on aura touché le terme du voyage.

17me Journée. — La course d'Ombos à Assouan n'est pas longue. Après trois ou quatre heures de voyage, on commenece à apercevoir dans le sud des montagnes qui semblent couronnées de forts. Une île toute verte qui partage le fleuve en deux parties à peu près égales est à leur pied. A gauche quelques maisons blanches au milieu d'une oasis de dattiers éclairent confusément le paysage. Le propre de cette arrivée à Assouan, c'est que le fleuve semble finir là et que l'œil lui cherche en vain une issue.

Assouan étonne le voyageur. On croit s'y trouver dans un monde nouveau. L'Egypte y finit, et un autre pays commence. Nulle part on ne trouvera mêlés plus d'Egyptiens, plus de Turcs, plus de Barabras, plus de Bicharis au torse nu, plus de nègres de toute origine. Les habitants de Khartoum surtout s'y font remarquer par leur belle prestance, leur peau noire, et leur tête fine rappellant le meilleur type des races septentrionales. Comme complément du tableau, on aperçoit sur la plage des marchandises, gommes, dents d'éléphants, peaux de quadrupèdes, dont l'emballage souvent exotique achève de dépayser l'œil. Au milieu de tout ce monde circulent des marchands qui vendent, non plus des antiquités, mais des casse-têtes en ébène, des piques, des lances, des flèches dont les pointes de fer sont, dit-on, empoisonnées.

Assouan n'a pour ainsi dire pas conservé de souvenirs antiques. Mais une visite à travers la ville a son intérêt. Si l'on s'écarte un peu de la route au sud, on trouve, perdu au fond d'un trou, un petit temple d'origine ptolémaïque récemment découvert pendant les fouilles ordonnées par S. A. le Vice-Roi. A un kilomètre au-delà est un obélisque qui adhère encore par un de ses côtés à la carrière dans laquelle on avait commencé à le tailler.

De l'autre côté du fleuve, précisément en face d'Assouan, est l'île d'Eléphantine.

A Assouan l'élément égyptien domine encore dans la population. En arrivant à Eléphantine on est tout surpris de ne se voir entouré que de Nubiens.

Il y a soixante-dix ans, on voyait à Eléphantine un temple déjà à moitié démoli que les auteurs du grand ouvrage de la Commission d'Egypte ont nommé le Temple du Nord, un autre temple d'admirable proportion qu'on appelait le Temple du Sud et que, par les dessins exécutés alors, nous savons être d'Aménophis III, une porte monumentale de granit, enfin un quai à pic sur le fleuve et précédé du côté nord par un nilomètre. En 1822, les deux temples et le nilomètre ont disparu. Le quai, ouvrage d'époque romaine où des matériaux sans nombre provenant d'édifices plus anciens ont été utilisés, la porte de granit qui est ornée sur ses deux montants des cartouches d'Alexandre II, sont encore debout. Près des maisons modernes, une mauvaise statue d'Osiris où l'on déchiffre à grand'peine les noms de Ménephtah (XIXme dyn., 1350 av. J.-C.) marque la place où se trouvait la façade du Temple d'Aménophis III.

18me Journée. — Philæ couronne de la manière la plus heureuse le voyage de la Haute-Egypte.

On va d'Assouan à Philæ par terre jusqu'au couvent de la mission Autrichienne. Là des barques prennent les voyageurs et les font passer dans l'île. En une autre saison, quand le Nil est moins haut et moins rapide, le même chemin conduit par une bifurcation au village de Chellâl. Quand elle est praticable, c'est la voie la plus suivie, parce qu'elle est la plus pittoresque.

D'Assouan au couvent de la mission Autrichienne on ne quitte pas le désert. Ici on est en pleine formation gratinique, C'est le granit qui se montre çà et là à la surface du sol ; c'est lui aussi qui s'entasse en masses sombres et donne au paysage l'aspect particulièrement désolé qui le distingue.

En décrivant Gebel-Silsileh, nous avons parlé de l'habitude qu'avaient les Egyptiens de consacrer par une stèle, par une inscription, le souvenir de leur passage en certains lieux. La route d'Assouan à Philæ en offre mille exemples. Les inscriptions gravées sur le rocher y abondent en effet. Quelquefois on n'y lit que de simples noms propres ; mais plus souvent l'inscription revêt les proportions d'un tableau. Le passant s'y est représenté adorant les dieux de la Cataracte. Au bas est l'inévitable formule de prière. En des occasions plus mémorables, ce sont des généraux, ce sont des princes, ce sont même des rois revenant d'une expédition au Soudan, qui ont laissé sur les rochers de la route leur trace durable. On conçoit tout ce que ces souvenirs, où l'histoire tient plus de place que la religion, peuvent avoir de précieux pour la science. Séhel, petite île de la cataracte d'un abord assez difficile, en est pour ainsi dire couverte, et quelques données, aujourd'hui acceptées de tout le monde, ne reposent que sur les renseignements fournis par l'étude gravée sur les rochers de cette île.

L'histoire de Philæ est vite racontée. On n'y trouve aucun nom royal antérieur à Nectanébo II, c'est-à-dire que les plus anciens monuments de Philæ ne précèdent Alexandre que de quelques années. C'est Nectanébo II qui éleva le petit temple situé à l'extrémité méridionale de l'île et dont il reste une douzaine de colonnes ; c'est aussi lui qui fit construire la grande porte placée entre les massifs du premier pylône. Enumérer les noms des Ptolémées, des Empereurs qui, après Nectanébo, couvrirent l'île de leurs constructions, seraient fastidieux. On remarque, particulièrement sur le premier pylône, des proscynèmes grecs en très grand nombre laissés par les visiteurs de l'île. Un fait important ressort de l'étude de ces proscynèmes : c'est qu'en 453 de notre ère, c'est-à-dire soixante ans environ après l'édit de Théodose, qui abolit la religion égyptienne, Isis et Osiris recevaient encore un culte à Philæ, et que des familles de prêtres égyptiens voués au service des temples existaient encore dans l'ile. Philæ n'aurait donc commencé à devenir l'île sainte si universellement vénérée par les Egyptiens, que peu d'années avant la conquête macédonienne. De plus en plus, sous les Ptolémées, sous les Empereurs, elle se couvrit de monuments, et le culte à l'exercice duquel ces monuments étaient consacrés, fut si vivace que l'édit de Théodose ne le fit pas tomber, et que, sous l'empereur Marcien, il était encore debout.

Mais peut-être, en présence de ce site sans pareil dans toute l'Egypte, est-ce trop demander au visiteur que de l'astreindre à reconnaître sur les monuments qu'il a sous les yeux la date de leur érection. Philæ est, en effet, le lieu des impressions du moment avant d'être le lieu des souvenirs.

Philæ est comme Karnak. Il faut y venir la première fois pour le pittoresque, pour la grandeur du paysage, pour les rochers sombres qu'on aperçoit de tous les côtés, pour la cataracte qu'on entend dans le lointain. Quand on débarque à Philæ par le côté oriental de l'île, et qu'en levant les yeux on voit se détacher sur le ciel les colonnes du joli monument que la commission d'Egypte a nommé l'Edifice de l'Est, on est comme surpris. Une promenade au hasard dans l'île ne fait que rendre plus vive cette impression, et en quittant Philæ on se dit qu'on y a trouvé le plus désirable couronnement d'un voyage dans la Haute-Egypte.

Le retour à Assouan ne se fait pas habituellement en ligne directe. Après avoir remis le pied sur la terre ferme, on est dans l'usage d'obliquer à gauche et d'aller voir ce qu'on appelle la cataracte.

Paul Lucas, voyageur qui vivait au temps de Louis XIV, a dit que la cataracte se précipitait du haut des rochers avec un tel fracas qu'à plusieurs lieues à la ronde les habitants sont sourds. Chacun peut se convaincre sur les lieux de ce que cette assertion a d'exagéré. Si l'on entend par cataracte une chûte du fleuve due à l'abaissement subit de son lit tout entier, phénomène que présente, par exemple, le Rhin à Schaffouse, on peut dire en effet que la cataracte d'Assouan n'existe pas. Quand le Nil est bas, à la vérité, les rochers dont son lit est encombré sortent de l'eau et des ressauts se produisent qui donnent lieu en quelques endroits à des cascades et à des bouillonnements qui ne laissent pas que de produire une certaine impression. Mais quand le Nil est haut, le phénomène se montre d'autant moins que les rochers sont plus couverts, et alors il n'y a plus que des rapides.

Le voyage de la Haute-Egypte est fini. Il faut maintenant tourner le dos à la Nubie et reprendre la route du Caire.

19me Journée. — Le courant du Nil qui, à la montée, retarde considérablement la marche des navires, leur vient en aide à la descente, si bien qu'il est certains bâteaux dont la vitesse est doublée. Le retour ne se fait donc pas dans les mêmes conditions. Les étapes sont plus longues, et souvent il est possible de franchir sans s'y arrêter une ou plusieurs stations de charbon.

C'est ainsi que, le premier jour, on se rend d'Assouan à Thèbes.

Cette partie de la route est une de celles qui offrent aux voyageurs le plus de points de détail à étudier. On quitte le granit à quelques kilomètres au nord d'Assouan pour le grès, et le grès à son tour est remplacé par le calcaire aux environs d'Edfou. Avec le grès cesse aussi cet aspect particulièrement triste du passage qui devient de plus en plus sensible à mesure qu'on s'approche d'Assouan. A partir d'Edfou les bords du Nil reprennent à peu près leur physionomie habituelle. C'est vis-à-vis d'Edfou, sur l'autre rive, qu'est *Radasieh,* village où commence la route qui mène à travers le désert de l'est jusqu'à des mines d'or autrefois exploitées par les Pharaons et depuis longtemps abandonnées.

Un peu au nord d'Edfou, et sur la même rive que Radasieh est El-Kab (*Elèthyia*), célèbre par ses grottes et un joli petit temple de la XVIIIme dynastie construit dans la plaine à trois ou quatre kilomètres de la rive. El-Kab était autrefois un point stratégique. C'est à El-Kab, en effet, que débouche la gorge qui facilitait les descentes des *Hérouscha* (les Bicharis actuels) que les inscriptions du temps nous montrent ravageant si souvent le territoire égyptien. Aussi une forteresse, dont on voit encore les remparts, avait-elle été élevée à El-Kab. Elle est en briques crues et remonte probablement à l'Ancien-Empire.

D'El-Kab à Esneh la route n'offre rien de remarquable. Esneh ne se recommande pas seulement par le portique que nous avons décrit. Si le temps n'était pas si court, on visiterait avec intérêt les couvents coptes répandus en assez grand nombre dans les environs. C'est dans ces couvents que se réfugièrent les Coptes chassés de Médinet-Abou (p. 111) à l'époque de l'invasion musulmane. C'est aussi dans ces couvents et dans tous les villages qui s'étendent jusqu'au pied de la montagne que plusieurs milliers de Chrétiens subirent le martyr, lors de la persécution ordonnée par Dioclétien.

Thèbes n'est séparée d'Esneh que par un voyage de quelques heures. Un peu avant d'y arriver on aperçoit de grandes cheminées qui noircissent au loin le ciel. C'est *Erment*, l'ancienne *Hermonthis*, aujourd'hui siège d'un établissement industriel qui, comme installation, n'a rien à envier aux établissements de ce genre fondés en Europe.

Il arrive quelquefois qu'une navigation plus favorisée amène les bateaux à Louqsor une heure ou deux avant le coucher du soleil. On en profitera pour faire une seconde visite à Karnak. Ce magnifique ensemble n'est jamais assez vu, et comme nous l'avons dit, on l'apprécie d'autant plus qu'on le connaît mieux.

20me Journée. — La 20me journée comprend le voyage de retour de Thèbes à Sohag. Le charbon est fait vraisemblablement en passant à Qéneh. Entre Qéneh et Sohag, on voit *Farchout*, autre établissement industriel d'une grande importance, puis, presqu'en face de Sohag, *Akhmin*, ville habitée presque toute entière par des Coptes, et autrefois célèbre par des temples qui ont si complètement disparu qu'on en reconnaît aujourd'hui difficilement la place.

21me Journée. — La 21me journée comprend le voyage de retour de Sohag à Siout. Route que rien ne recommande à l'attention. *Tartha, Gaou-el-Kébir, Aboutig*, sont les villes principales qu'on aperçoit du fleuve. Au temps de la commission française, un temple de belle apparence s'élevait sur le bord de l'eau à côté de Gaou-el-Kébir (l'ancienne *Antœopolis)*. En 1822, pendant une crue un peu forte, le temple et la partie du village qui l'environnait, s'abimèrent subitement dans le fleuve. A Siout (l'ancienne *Lycopolis)* sont, à peu de distance de la ville, des grottes creusées dans la montagne. Elles remontent en général à la XIIme ou à la XIIIme dynastie (3,000 ans avant J.-C.). Quand on a vu Médinet-Abou, Karnak, Edfou, Philæ, il faut pour les visiter une dévotion particulière à l'antiquité égyptienne que les archéologues seuls possèdent.

22me Journée. — La 22me journée comprend le voyage de retour de Siout à Minieh. Quand on est sorti des détours sans nombre que le Nil fait en quittant Siout, on passe devant *Manfalout*, et à deux kilomètres au delà on rencontre les hautes montagnes de *Gebel-Abou-Fodeh* qui plongent à pic dans le fleuve. Au-dessus de ces montagnes, presqu'à leur extrémité sud, sont les fameuses grottes de *Maabdeh*. On y pénètre par une fissure naturelle comme on pénètre dans une maison par son toît, et on se trouve dans un lieu littéralement plein de momies de crocodiles. Peu explorée jusqu'à présent, cette mystérieuse sépulture a d'autant moins dit son dernier mot qu'on ne sait d'où vient le souterrain et qu'on ne sait pas où il va. Quelques momies humaines sont mêlées aux momies de crocodiles. Les plus riches sont dorées des pieds à la tête, les plus pauvres ont au moins, collées immédiatement sur la peau, quelques feuilles d'or découpées en carré. En pénétrant dans la grotte de Maabdeh, on peut se demander d'où proviennent les innombrables crocodiles qui y sont entassés par milliers. C'est à peine en effet si, aujourd'hui, on aperçoit dans un voyage du Nil un ou deux de ces amphibies. La réponse est facile. En premier lieu les crocodiles étaient bien plus fréquents qu'ils ne sont depuis quelque temps; en second lieu la montagne de Gebel-Abou-Fodeh a toujours été pour eux un lieu de prédilection. Qu'on interroge avec attention les fissures de la montagne à l'endroit précis où elles plongent dans le fleuve. Presque toujours quelque crocodile qu'on prend de loin pour un tronc d'arbre échoué contre un rocher, est là étendu, la gueule béante. D'un autre côté, si l'on se rappelle la description que nous avons faite du Tombeau de Ti (p. 57), on verra que non seulement le crocodile, mais l'hippopotame lui-même, existaient autrefois devant Memphis, c'est-à-dire presque devant le Caire, et on en conclura que ces animaux devaient se rencontrer sur le Nil bien plus souvent qu'ils ne se rencontrent aujourd'hui. Qui ne sait d'ailleurs qu'au temps d'Abd-el-Latif (1200 de notre ère), les hippopotames vivaient encore dans la branche de Damiette? En présence du nombre considérable de momies de crocodiles qu'on rencontre non-seulement à Maabdeh, mais en diverses autres parties de l'Egypte, on est donc obligé de reconnaître que le Nil nourrissait autrefois un nombre considérable de ces animaux. Quand il passa devant Qéneh, Champollion vit jusqu'à quatorze crocodiles réunis « en conciliabule » sur un ilot. Si pareille bonne fortune n'écheoit jamais maintenant au voyageur, c'est que le crocodile recule tous les jours de plus en plus vers le sud devant les armes à feu et l'agitation produite par les bateaux à vapeur, et que bientôt le Nil jusqu'à Assouan ne les connaîtra plus que par tradition.

On peut encore signaler dans le voyage de Siout à Minieh, les ruines de la ville située sur la rive droite du fleuve à quelque distance de *Hadgi-Kandil* et de *Tell-Amarna*. Là se trouvent des grottes qui par leur disposition rappellent celles de Béni-Hassan, bien quelles soient d'une autre époque, puisqu'elles appartiennent à cette période encore si obscure où, sous un roi probablement monomane de la XVIIIme dynastie, la religion égyptienne s'abima tout-à-coup dans un schisme. On signalera aussi la montagne de Gebel-Teir ou *des Oiseaux* à pic sur le fleuve comme la montagne de Gebel-Abou-Fodeh, mais bien moins élevée qu'elle. La montagne de Gebel-Teir n'a pas comme la montatagne de Gebel-Abou-Fodeh, une grotte de crocodiles ; mais elle possède le *Couvent de la Poulie* et dans ce couvent des moines coptes, cordonniers de leur état, dont la principale occupation consiste à venir à la nage demander l'aumône aux voyageurs qui passent.

23me Journée. — La 23me journée comprend le voyage de retour de Minieh à Bédréchyn. On part de Minieh le matin, on passe devant Béni-Souef sans s'arrêter, un peu après le milieu du jour, et le plus souvent on arrive le soir assez à temps pour s'amarrer devant Bédréchyn. Quelques bateaux d'une marche supérieure atteignent Boulaq le soir même, ce qui procure le désavantage d'arriau Caire la nuit.

La route de Minieh à Béni-Souef n'offre au voyageur aucun lieu digne d'être particulièrement remarqué. Un peu après Béni-Souef, on aperçoit au nord, au sommet d'un mamelon jaunâtre, une pyramide de forme inusitée. Les souvenirs des Thoutmès, des Ramsès, des Ptolémées, des Empereurs, sont désormais bien loin de nous. La région des Pyramides commence, et avec ces gigantesques monuments nous entrons dans cette période de l'histoire égyptienne si éloignée de nous, qu'elle semble appartenir à un autre monde et que rien sur la terre ne peut lui être comparé. La *Pyramide de Meydoun*, tel est d'ailleurs le nom du monument que nous avons en vue. Sa forme inusitée vient d'être signalée. Elle offre cette autre particularité qu'elle n'a jamais été ouverte, au moins dans les temps modernes.

24me Journée. — En une heure et demie, on arrive de Bédréchyn au Caire. Un plus grand mouvement de barques sur le fleuve annonce l'approche de la capitale. L'île de Rhôdah montre bientôt son nilomètre et ses palais aux couleurs voyantes. Quelques instants après, on est à Boulaq, et le voyage du Nil est terminé.

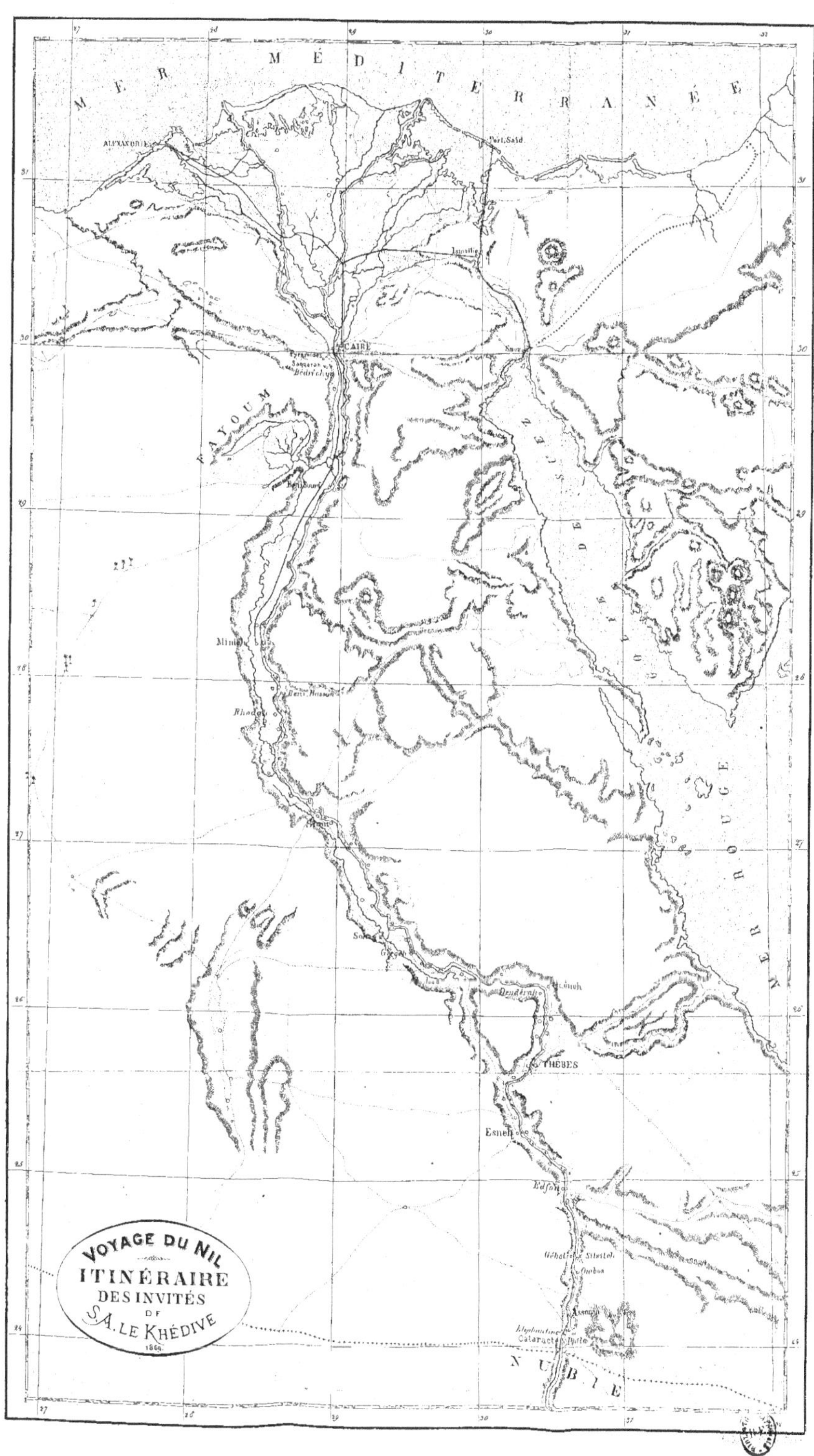

MER MÉDITERRANÉE
Port Saïd
Ismaïlia
CAIRE
Suez
FAYOUM
GOLFE DE SUEZ
MER ROUGE
Denderah
THÈBES
Esneh
Edfou
Ombos
Assouan
Cataracte
NUBIE
VOYAGE DU NIL
ITINÉRAIRE
DES INVITÉS
DE
S.A. LE KHÉDIVE
1869.

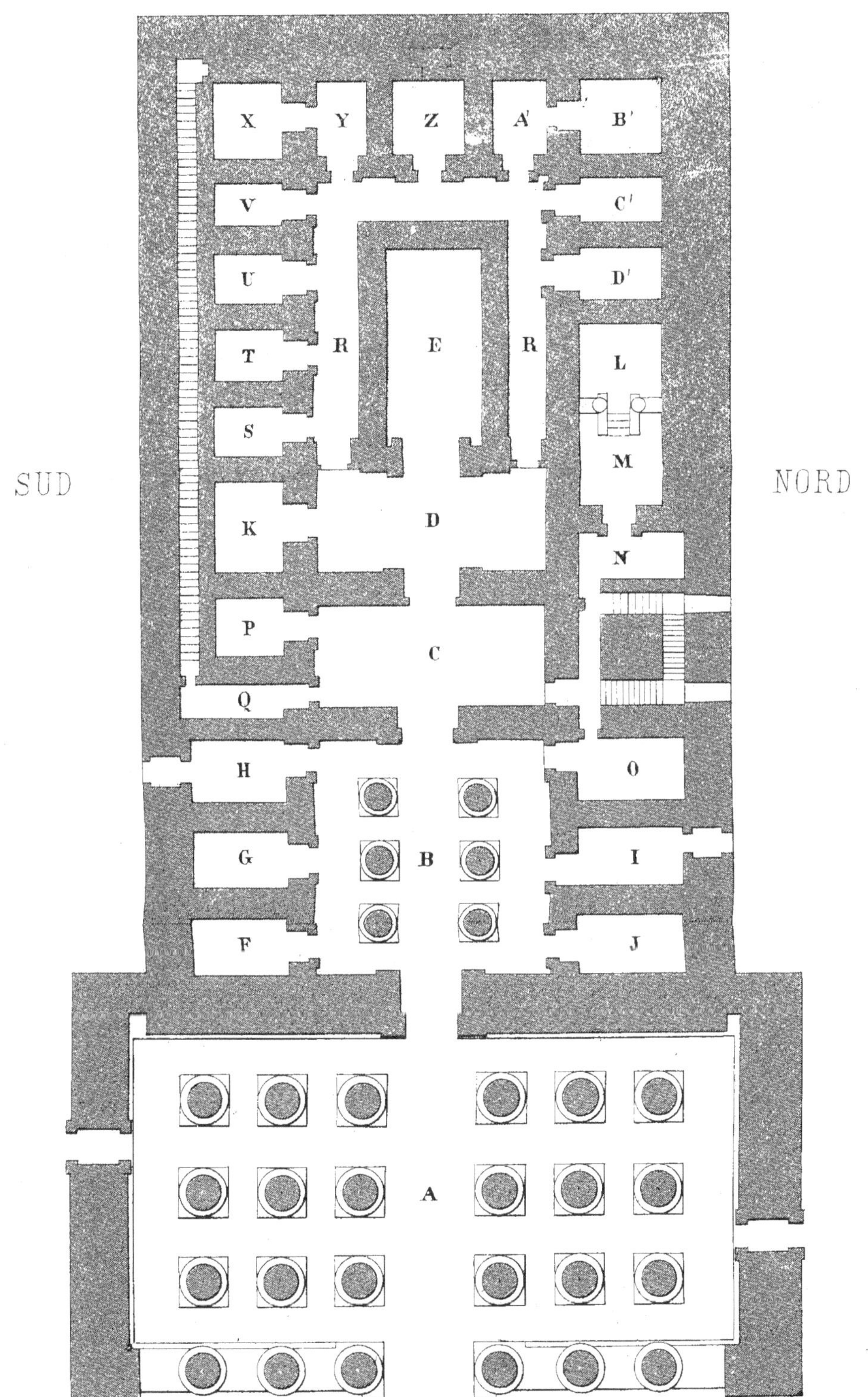

TEMPLE DE DENDÉRAH

BIBLIOTHEQUE NATIONALE DE FRANCE
3 7502 04282203 3

www.ingramcontent.com/pod-product-compliance
Ingram Content Group UK Ltd.
Pitfield, Milton Keynes, MK11 3LW, UK
UKHW031048260726
13965UKWH00006B/750

9 782013 389556